主　　编：徐　萍
副 主 编：宋李梅　吴丽珍
编写人员：徐　萍　宋李梅　吴丽珍　范志平
　　　　　陈春梅　李　蒙　庄淑珍　吴艳青
　　　　　范铭芝　占　峦　徐　晶　张小英
　　　　　陈黎明　龚泽萍　吴云姬　柯肖娟
　　　　　许若梅　余　茜　徐　礼

奖　状

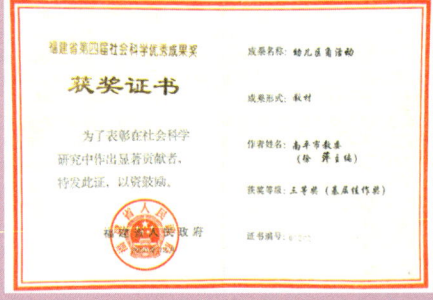

证　书

梦山书系

【修订版】

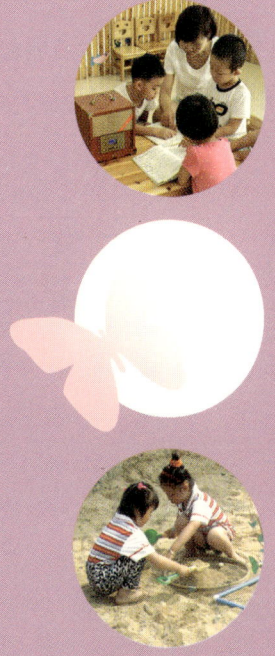

幼儿区角活动

Activities for Kids

徐 萍 主编

海峡出版发行集团
THE STRAITS PUBLISHING & DISTRIBUTING GROUP
福建教育出版社

图书在版编目（CIP）数据

幼儿区角活动/徐萍主编. —2版. —福州：福建教育出版社，2016.3（2021.7重印）
ISBN 978-7-5334-7053-1

Ⅰ.①幼… Ⅱ.①徐… Ⅲ.①活动课程－学前教育－教学参考资料 Ⅳ.①G613

中国版本图书馆CIP数据核字（2015）第279077号

Youer Qujiao Huodong

幼儿区角活动

徐 萍 主编

出版发行	福建教育出版社
	（福州市梦山路27号 邮编：350025 网址：www.fep.com.cn
	编辑部电话：0591-83728245 83786912
	发行部电话：0591-83721876 87115073 010-62027445）
出 版 人	江金辉
印 刷	福建东南彩色印刷有限公司
	（福州市金山工业区 邮编：350002）
开 本	710毫米×1000毫米 1/16
印 张	12
字 数	173千字
版 次	2016年3月第2版 2021年7月第3次印刷
书 号	ISBN 978-7-5334-7053-1
定 价	42.00元

如发现本书印装质量问题，请向本社出版科（电话：0591-83726019）调换。

前 言

区角活动作为一种先进的教育形式进入我国幼儿园已有20多年，从鲜为人知到如今各级各类幼儿园广泛开展，成为幼儿园课程实施的主要载体，成为幼儿在园一日生活的重要活动，足以说明它在幼儿教育中的重要与必要。

南平市"幼儿区角活动"课题的研究，伴随着教育部颁发的三个幼教法规的实施，也历经了20多年。20世纪90年代，为贯彻《幼儿园工作规程（试行）》，我们寻找和确定"幼儿区角活动"这一研究课题用了5年，组织试点园进行实践研究到编写出版《幼儿区角活动》第一版（1999年7月）也用了5年；2001年7月教育部颁发《幼儿园教育指导纲要》（以下简称《纲要》），在各试点园学习领会《纲要》精神，对区角活动的价值有更深刻的认识并积极实践下，2005年我们再次组织修订，于2009年12月再版了《幼儿区角活动》；2012年10月教育部颁发《3~6岁儿童学习与发展指南》，我们又一次组织修订，如今的《幼儿区角活动》已是第三版。20多年来我们围绕一个课题执着地、锲而不舍地研究，从开始的创设与教育相适应的环境到现在强调活动区里的自主游戏，认识不断深化，成果也愈加丰硕，先后获得福建省人民政府颁发的第四届社会科学优秀成果三等奖、基层佳作奖；南平市人民政府颁发的首届教育教学成果一等奖。我们将研究成果梳理后编写的《幼儿区角活动》既获得专家学者的好评，也深受广大读者的青睐，各级各类媒体相继给予报道，南平市电视台作了专访和专题系列讲座；福建电视台在全国学前教育宣传月特别节目《学前教育在福建》中报道了南平市区角活动的研究成果；中国教育电视台早期教育频道也对我市幼儿区角活动的研究成果做了专题宣传和推广。

活动区主要有三大优势：

1.区角活动既是一种课程，又是一种方法。作为课程，它有自己独特的学习内容（十大区角）；作为方法它既可运用于各领域或主题的教学，

又可用于游戏,还可融合生活教育内容,因此,是适用性极强的教育形式。

2. 活动区个性化的材料适应不同年龄、不同水平、不同爱好的幼儿。因此,它既适用于按年龄编班的幼儿园,也适用于混龄编班的幼儿园。

3. 活动区丰富多元的环境,极大地激发了幼儿学习的兴趣,从根本上改变了幼儿被动接受教育的状况,也从根本上纠正了幼儿教育小学化倾向,幼儿的学习不再是要我学,而是我要学,是专心致志的学习,是饶有兴致的游戏。因此,有利于幼儿良好学习品质的养成。

实践证明,区角活动符合幼儿的年龄特点和学习特点,它与国际上先进的蒙台梭利教育理念相吻合、教育方法相类似,也符合我国幼儿教育家陈鹤琴先生倡导的"做中教,做中学,做中求进步"的理念,其教育功效正如陶行知先生所说的"润物细无声"。

本书由三个部分组成:"概述"部分主要从理论上阐述区角活动的意义功能、环境创设、活动指导等;案例部分用记叙的手法,真实地记录了幼儿在区角中的游戏,并结合教师的分析反思,反映区角活动的特征与游戏的真谛;实例部分介绍了十大区角的内容,其中例举的例子以自制教玩具为主,展示试点教师的教育智慧。

《幼儿区角活动》是福建省闽北地区城乡各级各类幼儿园三百多名幼教工作者参与的、历时20多年实践研究的成果,我们的研究队伍有一线的幼儿教师,也有幼教行政干部、教研员,更有一路上引领我们的专家领导。它源于实践,又高于实践,能为广大幼儿教师与家长提供有价值的参考与借鉴。

为使幼儿园教育更加符合幼儿的认知特点和身心发展规律,从真正意义上实现幼儿园以"游戏为基本活动"的目标,我们在研究区角游戏化的同时,对幼儿园主题教学中的游戏化进行了同步研究,出版了《重构幼儿园主题活动案例精选》。它与《幼儿区角活动》是姐妹篇,共同诠释了如何通过幼儿的自主游戏,使幼儿园活动课程与教学课程达到最优化的教学效果,期望得到读者的共鸣,共同探讨什么是真正的游戏精神。

徐 萍

2017年8月10日

概 述

区角的价值…………………………………………………… 3

区角的原则…………………………………………………… 5

区角的创设…………………………………………………… 9

活动的组织…………………………………………………… 19

活动的指导…………………………………………………… 24

区角的评价…………………………………………………… 33

案 例

建构区里的冰淇淋店………………………………………… 35

儿童游戏的价值与指导……………………………………… 87

实 例

益智区··94

劳作区···111

美工区···116

科学区···130

沙水区···136

运动区···141

语言区···153

角色区···165

表演区···171

建构区···179

概 述

活动区亦称活动角,是教师为幼儿创设的自主学习与游戏的活动环境,幼儿在区角中的游戏和学习即区角活动。幼儿是区角活动的主人,了解区角活动,让我们从区角里的孩子说起吧。

专注的小男孩

说起区角活动,最让人难忘的是孩子们那种积极、专注、愉悦的状态。孩子们脸上那份专注的神情,那份镇定和全身心的投入,让人不由得放慢放轻脚步,唯恐惊扰了活动中的孩子。

我在一个小男孩身旁停了下来,男孩丝毫没有察觉,全神贯注地摆弄着桌上的瓶瓶管管,他玩的是配色游戏。男孩面前并排放着三个分别装着红、黄、蓝三种颜料水的稍大玻璃瓶,每个瓶里插着一支小滴管。玻璃瓶左边放着一个装着颜色卡片的盘子,右边是一个塑料盒,里面放着十几支透明的带盖的小玻璃瓶。男孩从盘中取出一张颜色卡,橙色的,看了看,放在面前,然后取出一个小玻璃瓶,开始用滴管往瓶里滴颜料水,那神情宛如一个正在做实验的科学家,睿智的眼睛里闪着智慧的光芒。红色取一滴,黄色取一滴,滴在小玻璃瓶里,盖上盖子,上下用力地摇了摇,变了,两种颜色瞬间融合在一起变成了橙色。男孩兴奋地一手拿着小瓶子,一手拿起颜色卡,靠在一起比了比,颜色不大一样,男孩摇了摇头,眉头微微皱了起来:是红色颜料水要多一些吗?男孩若有所思，打开瓶盖，往瓶子里又加了一滴红色的。盖上盖子，再上下摇了摇。赶紧拿起色卡比对一下，不行，偏红了！黄色的再加两滴……试来试去，总差那么一点，男孩始终没有气馁，耐心地尝试着……啊，成功了！男孩的脸上绽放出灿烂的笑容。他把比对好的小瓶子小心地放在色卡上，拿起另一张色卡继续着……

今天吃火锅吧

图1-1

今天"娃娃家"来了不少客人，"爸爸"招呼着客人们坐下，摆好了碗筷，"妈妈"在灶前紧张地忙碌着。一块煎蛋随着小铲子在锅里翻炒，灶台上还摆着七八样菜。"爸爸"回头对"妈妈"说："快一点，吃完我还要带客人去看电影呢。""好了，好了，""妈妈"把灶台上的七八样菜一下全倒进锅里，"今天吃火锅吧，"聪明能干的"妈妈"边说边把装满菜的锅端到桌上。"爸爸"和客人拿起碗筷，开心地吃了起来。

探索镜子的秘密

"哇，我变出一排车，像停车场，好整齐呀""我也变出很多车，1、2、3、4、5……""简直像魔术，太神奇了"孩子们兴奋的声音从科学探究区里传了过来。几片镜子和几辆玩具小车把孩子们带入一个神奇的世界。一片镜子前放一辆车，可以变出两辆一模一样的车。两片镜子边靠在一起，中间放一辆车，可以变出3辆、4辆、5辆……夹角越小，变出的车越多。如果把两片镜子并列，车放中间，则会变出一排车。如果用三片镜子、四片镜子甚至更多的镜子，又会变出多少车呢？孩子们不停地摆弄着手中的镜子，时而凝神静气、时而自言自语、时而紧锁眉头、时而欢呼雀跃。

科学探究区里的孩子们就像小小科学家体验着科学的神秘和发现的喜悦。

建构区里的叫卖声

"卖冰淇淋！各种口味的冰淇淋！"建构区里突然传来一阵冰淇淋的叫卖声。只见一个孩子将七彩的积塑分颜色装入纸杯当作冰淇淋叫卖。叫卖声显然吸引了不少"顾客"前来光顾。"有什么口味的？""橘子味、西瓜味，还有蓝莓味、苹果味。""我要一杯橘子味。""给。"客人接过"冰淇淋"，付了"钱"，津津有味地"吃"了起来。"我要一杯草莓味的。""我要西瓜味的。"越来越多的孩子参与进来……

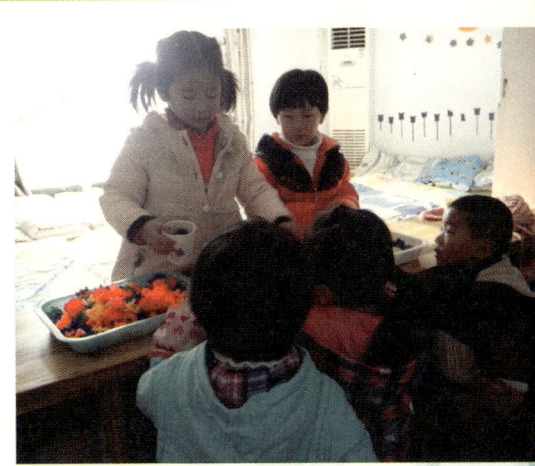

图1-2

区角里的孩子自主、愉悦、专注地游戏和探究。孩子们可以自由选择区域和材料。可以一个人玩，也可以几个人一起玩；可以玩同一个内容，也可以玩不同的内容；可以在一个区，也可以走进不同的区。区角的材料、空间、同伴，甚至整个环境都在为幼儿的游戏和学习服务。

在活动区中，"自发、自主、自乐"是区角活动的主要特征。那么，什么样的区角会引发幼儿自主活动、自发游戏，进而让幼儿在快乐、自主的游戏中获得丰富的经验和长远的发展呢？这便是我们要进一步谈论的话题。

区角的价值

做一件事情，我们都会先想想做这件事的意义，值不值得做，做区

角也一样。

从幼儿身心特点来说,区角活动是切合幼儿认知特点的教育。婴幼儿时期思维发展从直观行动到具体形象,其认知往往发生于动作,产生于活动,也就是说幼儿是在具体行动中认识事物、在操作中思考的,"手"是帮助幼儿成长的工具,"游戏"是幼儿学习的最佳模式。区角活动正是以这种具体操作的活动进行的,它寓教于乐,寓学于玩,让幼儿主动自发地学习、开心愉悦地成长。

区角中丰富多元的活动材料可以满足不同年龄、个性、能力水平幼儿的需求,满足幼儿个性化学习的需要,每个幼儿都能在区角中找到自己喜欢的活动,并以各自的节奏和方式进行,因此,区角活动既适合按年龄分班的幼儿园,又适合混龄编班的幼儿园。

在充满吸引力的区角中,幼儿自然表现出专注、愉悦、自主、探究的活动状态,这不仅有利于学习兴趣的培养,有利于专注、自信、主动学习、乐于探究等优秀学习品质的养成,而且,改变了以往幼儿被动接受教育的状况,从根本上解决了幼儿园教育小学化倾向的问题。

区角活动通过各个区角环境、材料、师幼互动,形成完整的课程体系,弥补了传统教育中对幼儿非智力因素及社会性教育不足的缺憾,使幼儿身心获得全面和谐的发展。

区角活动是以个性化的、分组活动的形式进行的,每个孩子都专注于自己的工作,减少了教师组织纪律、维持秩序的环节,不仅缓解了当前幼儿园生多师少的矛盾,还有利于教师对幼儿的个别观察,了解每个幼儿的发展水平,发现孩子的闪光点和成长需求,真正做到因材施教。同时,教师也常常会以平等的角色参与到幼儿游戏当中,幼儿也更多地感受到教师的关注,形成良好的师幼关系。此外,区角活动先进的教育理念和教育方法更新了教师的教育观念,改变了教师的教育行为,让教师体验到从事幼儿教育的乐趣。

活动区追求的四大基本价值取向:

自主——是对孩子充分的尊重。区角中的自主主要体现在幼儿对活动内容、活动材料的自主选择和活动过程的自主上。

专注——是良好的学习品质。幼儿对感兴趣的事情容易专注。而区角活动强调让幼儿按照自己的意愿选择活动内容,保证了幼儿对活动的兴趣,使幼儿更容易进入专注的学习状态,一旦形成了专注的学习习惯,幼儿心智潜能将得到极大的开发。

愉悦——是良好情绪的体验。丰富的区角内容、自主的游戏状态、幼儿按照自己的意愿和能力选择活动内容、获得成功的体验等等都是幼儿快乐的源泉。

探究——是创新意识的摇篮。创新意识和创新能力是人才培养的重要目标,活动区为幼儿提供探索环境,有利于培养乐于探究、勤于思考的品质。

实践证明,区角活动这种开放的、个性化的、自主愉悦、寓教于乐的活动形式,符合幼儿的年龄特点和成长规律,能有效地促进幼儿身心和谐发展。这种基于儿童认知特点的活动课程,是幼教改革的必然和持续努力的方向,是幼儿园值得做、需要做、并且应该做好的事。

区角的原则

区角活动是幼儿园教育的一种组织形式,教师如果没有正确的指导思想,那么活动区只能流于形式,其优越的教育功能也就难以发挥,因此教师在开展区角活动时,必须树立正确的儿童观、教育观,把握好开展区角活动必须遵循的基本原则。

(一)目标性原则

目标是创设区角和评价效果的依据,那些只重形式不重目标的区角是盲目的。如果在区角创设前教师心中没有目标,随意投放材料,或者模仿他人,依葫芦画瓢,不明确本班孩子真正的兴趣需求,也不知道怎样观察,更没有推进和改进区角的思路,那么区角就会像一件摆设,幼儿玩一阵就不爱玩了。这也是为什么有的教师感到区角活动很难深入开展的一个原因。

要使区角真正发挥功能，吸引幼儿不断深入地玩，教师在创设区角、投放材料、调整内容时都必须做到心中有目标。而目标又该如何制订呢？首先要以国家颁发的幼教法规《幼儿园教育规程》《幼儿园教育指导纲要》《3~6岁儿童学习与发展指南》中提出的教育任务、发展目标为总目标，再结合各年龄段幼儿的特点和本班幼儿能力水平制订阶段目标。在阶段目标的基础上结合近期教学主题、幼儿的兴趣、需求以及社会热点问题来选择和设计各区角的具体内容，投放与目标相匹配的活动材料，将目标隐含于操作的材料中，通过环境材料来引导幼儿的发展。目标是工作的出发点和归宿，有了目标，教师在观察和指导幼儿区角活动时也能做到心中有数，也利于教师分析判断幼儿的活动水平，为下一步调整区角、推进活动提供依据。

在实施目标的过程中需要注意以下几点：

1. 一个目标可以通过不同区角来实施。如：发展幼儿口语表达能力这个目标，可以通过角色区，在扮演角色的过程中学习口语对话；也可以在语言区中开展玩具交流会，讲故事；还可以在社会性活动"交朋友"中完成。

2. 一个区角可以达成几个不同的目标。如：美工区既可以训练幼儿小手肌肉的灵活性，提高美工技能；又能让幼儿感受美和表现美，提高审美情趣；还能培养想象力、创造力；在相互介绍、欣赏作品时训练语言表达能力等。

3. 同一活动内容目标可以分层次实施。如科学区"开锁"活动，活动目标是学习开不同种类的锁，培养观察能力和动手能力。此目标可以分以下三个层次来达成：低层次目标，要求对应一把钥匙开一把锁；中层次目标，在众多钥匙中找出合适的钥匙开锁；高层次目标，要求学会开不同种类的锁，如密码锁等。

4. 不要求幼儿同步达成目标。在活动中，幼儿往往会呈现出明显的个体差异，教师应预计幼儿活动中可能产生的困难、需要等，允许不同水平的幼儿达成目标的时间有先有后。对于达成目标确实有困难的幼儿，不强求。但教师可以有意识地介入指导或请家长配合，在家中创设相应的区角内容，增加锻炼的机会，促进其提高。

5. 区角活动目标常常需要多次活动的积累逐步达成。区角活动的目标不同于集中教学的目标那么显性与即时性，因而，目标的实现在时间上往往是长期的、不确定的，教师和家长应该摒弃急躁心理，耐心陪伴孩子自然成长。

（二）自主性原则

幼儿是在主动与环境、材料相互作用的过程中获得发展的。进入区角的动力是孩子自己"想玩"，而不是教师"要我玩"。因此，区角的创设一定要以幼儿为中心，幼儿是区角活动的主人，所有的指导都要做到润物细无声，给幼儿真正的自主和自由。幼儿参与区角活动的过程就是一个自主、放松、愉悦的游戏过程。任何急功近利、拔苗助长的行为都将扼杀孩子的活动兴趣，削弱区角活动的功能。

值得说明的是，提倡自主并不等于放任自流。"放羊"式的区角活动并没有从真正意义上理解自主活动的内涵。给幼儿自主，就是给幼儿行动的自由感、对活动内容的兴趣感、对玩具材料的支配感、对自身行为的胜任感。有了这些，才能引起幼儿活动的积极感受，才能赢得幼儿对活动区的肯定，才能不断吸引幼儿投入活动，使幼儿的自主性得到充分的发挥。而"放羊式"则是对区角活动的不负责任和对幼儿成长的漠视。

（三）探究性原则

杜威说过，儿童有调查和探究的本能。好奇、好问、好探究是儿童与生俱来的特点。对幼儿而言，探究学习主要是在日常生活和教师提供的环境中主动进行的一种边做边想、动手动脑、发现问题和解决问题的过程。因此，区角的创设，特别是科学区要能激发幼儿的好奇心、满足幼儿的求知欲，要有利于引导幼儿不断深入的探究和获得有益的经验。如科学区开展"有趣的陀螺"活动，教师可以先投放不同形状陀身的陀螺（如锥形、椭圆形、半圆形），让幼儿在玩中对比探究哪一种陀螺更好转，转起来有什么变化。一段时间后，教师又提供长短不同的中轴，让幼儿继续探究哪种轴做的陀螺转得稳、转得快。在幼儿能熟练地旋转不同的陀螺后，让幼儿在不同光滑度的地面转，对比哪一种地面更好转。总之，材料的提供要能够引导幼儿不断地探究，幼儿的经验也随着探究的不断深入而不断丰富。这种创造性和多向性思维正是创新型人才不可或缺的。

（四）差异性原则

差异性决定着区角活动的可行性。适合幼儿生活经验与能力水平的区角才能吸引幼儿，因此，设置区角要注意以下几点：

1. 不同地域的差异。幼儿的活动很大程度上依赖于已有的生活经验和知识技能。我们开设的区角要多体现当地的文化背景和地方特色。如城市幼儿园可创设"超市""动物园""美容厅"，农村幼儿园则可创设"集市""饲养场""理发店"。在材料选择上也要因地制宜、就地取材。城市幼儿园可能购买现成的、高科技的材料会多一些；农村自然资源丰富，则可多选用一些木、竹、沙、石、树枝、树叶、贝壳等天然材料。在活动内容的设计上，相对而言城市幼儿小肌肉动作发展较好、大肌肉动作发展较差，可多设一些发展大肌肉的运动区；而农村幼儿体能好，户外活动多，则可多安排一些室内的益智类精细操作的活动内容，以促进幼儿全面发展。

2. 不同年龄的差异。不同年龄的幼儿兴趣爱好和能力水平存在着较大的差异，教师应根据幼儿年龄特点设置区角。如小班幼儿技能技巧和感知觉比较差，但好模仿，应多创设贴近幼儿生活经验且游戏性较强的区角，如角色区、生活区、感官区等；大班幼儿各方面能力较强，也接近入小学年龄，则可多创设学习性区角。在材料的投放上，也要关注年龄水平差异。如生活劳作区"夹"的活动，小班可投放花生、豆荚等容易夹起的东西；中班可投放木珠、果核等夹起难度稍大的东西；大班则可提供玻璃珠、豆子等夹起难度更大的东西让幼儿练习。

3. 不同水平的差异。同一年龄段幼儿的能力水平也各不相同，教师在材料的投放和玩法上要注意层次性，使能力弱的幼儿"跳一跳够得着"，能力强的幼儿能得到挑战，获得不同水平上的发展。

（五）安全性原则

安全是幼儿园各项工作的基本要求，区角活动以幼儿自主活动为主，其安全性更应关注。区角安全主要体现在场地、材料、玩法三个方面。场地安全主要看地面是否平坦，周围是否有不安全尖锐的角、不稳定物体。材料安全要注意细节，如：织毛线的针要短些，剪刀要买圆头的，各种废旧物品要清洗干净。操作安全，一方面在活动前要向幼儿讲解并制订工具和材料安全摆放和使用的规则；另一方面要注意正确使用工具，不随意打闹，不玩不安全游戏等。

区角的创设

了解了区角的价值和基本原则，接下来就该说说怎样为幼儿创设适宜的区角环境了。瑞士心理学家皮亚杰说过，儿童的认知发展要在其不断地与环境的交互作用中获得。这让我们不能低估环境作为一种隐性教育对幼儿所起的巨大作用。

区角的设置要以教育目标和幼儿发展水平为依据，寻找幼儿的"最近发展区"，设置有一定难度但又是经过努力可以达到的递进式的活动内容。在实际工作中教师往往会结合集中教学的内容来设置区角，也常常会根据幼儿的兴趣需求来选择内容，设置区角时应关注以下几点：

1. 生活性：伟大的教育家陶行知先生"生活即教育"的理念告诉我们，教育的内容、教育的方法、教育的环境都可以从生活中来。幼儿是在生活中学习，在学习中生活的。只有从幼儿生活和成长的需要出发，才能为幼儿开发出源源不断的、行之有效的课程资源。教师在为幼儿设计区角内容时应该关注来自他们生活中的信息，从幼儿的生活中提炼和充实区角活动的内容，使生活与学习相融合的幼儿活动充满生机。

2. 生成性：生成是指幼儿在教师预设的活动中产生超出预设的新内

容，它具有随机性和灵活性。预设体现教育的计划性，而生成则体现教育的动态性、开放性以及对幼儿的尊重。预设使幼儿的活动有本可依，生成使幼儿的活动精彩纷呈，二者具有互补性。因此，教师要及时发现幼儿活动中的闪光点，向幼儿学习，吸纳和推广幼儿活动中生成的新玩法、新内容。

3. 挑战性：区角活动的内容不仅要顺应幼儿原有的经验和水平，还应关注幼儿潜在的能力，赋予一定的挑战性，因为富有挑战的内容更具有吸引力。

区角对幼儿而言就是一个快乐游戏的场所，里面有他们感兴趣的内容和材料，因为喜欢而进入。但对于教师则不同，从教师的角度确切地说，区角是教师基于幼儿现有的水平和发展需要有意识地为幼儿创设的学习与游戏的环境。因此，区角的创设是有学问的。

为了便于教师理解和创设，我们将区角相对划分为学习性区角和游戏性区角两大类。

学习性区角主要指操作技能与认知经验积累的区角。如：益智区、劳作区、美工区、科学区、语言区、沙水区、运动区，其中沙水区、运动区兼具学习性和游戏性。这类区角不仅为幼儿提供了动手操作、生活劳作的学习机会，且可以作为领域教学或主题教学前知识技能准备和教学后探究、延伸、巩固、练习的场所，使学科课程与活动课程有机结合，相辅相成。

游戏性区角主要指情感体验与社会经验积累的区角。如：角色区、表演区、建构区等。这类区角为幼儿进行创造性游戏创设了固定的游戏场景，减少了教师在组织游戏时创设环境的环节，增强了幼儿游戏的自主性和随机性，使幼儿园的游戏常态化。

以上十大区角是根据教育功能分类的，它已基本涵盖了幼儿园区角的各个方面。区角的命名是灵活的，它没有严格的界定，教师在创建活动区时还可以派生出更具体的区角，如语言区可以细化到图书角、聊天角、播音室；科学区可派生出实验角、观察角、动物角、植物角、新奇角、气象角等等。

区角之间没有严格的区分，它们是可以互相转换的。如搭建活动属

于建构区，若加进"设计师"、"工人"等角色，那么这种搭建活动就成了角色游戏。再如本书案例"建构区里的冰淇淋店"，本来是建构活动，后来变成冰淇淋店，再发展到美工活动、社会交往活动等等，整个活动孩子们个个都非常投入，也都能找到适合自己的角色，这时的建构区已经成为孩子们自主游戏的场所。

　　有条件的幼儿园应设置专门的活动室，特别是新建的幼儿园应将活动室设计得大一些，平均每位幼儿室内活动面积应达 3 ㎡ 以上，以满足集中教学与室内区角活动的需要。但目前我国大部分幼儿园都是教室与活动室共用，这种情况下区角可以布局在教室的四周或局部，留出一块完整的空间作为集体活动的场所。如果活动室面积小则可通过改造寝室，巧妙利用空间等方法来扩大活动范围。

城市幼儿园活动室

图1-3

农村幼儿园活动室

图1-4

11

区角布局在四周或局部

图1-5

改造寝室

图1-6

有的幼儿园利用环境资源开展区角活动也是很值得借鉴的。如利用小山坡攀爬；利用山边空地开辟种植园，种茶、竹、果、菜，孩子和家长可以在这里采茶、挖笋、赏花、采果、摘豆子、收南瓜；利用墙角修建动物饲养角，饲养鸡、鸭、兔等小动物。这种生动而富有生机的区角空间，构成了区角新的风景线，使幼儿区角活动丰富多元。

图1-7

图1-8

教师可以根据需要和条件（包括：教育内容、幼儿需求、班级面积、幼儿人数等）来设计规划本班现阶段应该开设和可以开设的区角。用玩具柜、书橱、展示台等进行相对分隔，使每个区相对独立，并用名称标识。如：语言区，益智区，科学区，建构区。若大区角中还有若干细化的小区角，也可分别标识。如角色区中的"娃娃家""商店""医院"等等。各区角的位置要根据幼儿活动的需要来安排，如动静要分开，美工区常需要用水应靠近水源，大型建构区要避开公共通道等。各区之间根据幼儿活动需要，可封闭、可开放、还可互通。同时还可利用走廊、过道、墙面、楼梯下、户外沙水池、阳台等创设全园共用的"沙水区""运动区""温馨书屋""涂鸦墙""茶艺吧"等，将区角活动由室内延伸到户外，扩大幼儿区角活动空间，使整个幼儿园成为立体、生动的区角大环境。

图1-9

图1-10

区角大环境布局好后，教师就要着手丰富各个区的内容和材料了，这是幼儿区角活动创设的关键。

区角里的具体内容可根据幼儿的年龄特点、发展水平、近期主题内容及兴趣需求而定。如角色区：小班可以选择娃娃家、商店、医院、理发店；而中班则可以增加工厂、公共汽车、加油站；大班又可增加烧烤屋、花艺坊、银行等等。科学区：小班以观察为主，如提供各种昆虫标本、小石子、树叶标签，玩一些吹泡泡、糖和盐不见了、小风车、降落伞等现象明显的科学小实验和游戏；而中班则可以有一些探索，如沉与浮、有趣的磁铁、镜子小魔术等；到了大班则可加大难度，开展具有一定挑战性的科学小实验、科技游戏，如纸的秘密、硬币浮起来了、让蛋站起来、顶纸板等。此外，还可以从幼儿的生活需要和社会时事热点等产生区角活动内容。如刚入园的孩子拿不好勺子或不会拿筷子吃饭，教师就可以在生活劳作区设置舀豆子、夹花生之类的活动，让幼儿在玩中学会用勺拿筷。天气变化了，孩子们感冒流鼻涕不会自己擦，教师可在生活区挂一面镜子，放一包抽取式面巾纸和一个纸篓，让幼儿照着镜子学擦鼻涕。再如，当社会上发生的重大事件成为人们关注的热点话题时，教师可以以此为内容，开展相关的主题区角活动。幼儿成长的规律也是区角活动内容选择的依据，不同阶段幼儿有不同的敏感期，根据幼儿敏感期开设区角，能收到事半功倍的效果。

　　区角活动没有固定的内容，教师时常要设计新内容，制作新材料，是一件比较困难的事。为降低难度，我们倡导园部每周或每两周开展一次区角材料研发交流，并形成惯例，及时发现和推广各班活动区的好内容、好材料，将那些实践证明受幼儿喜欢且科学耐用的教学玩具用实物、照片、文字等形式保存起来，每学期或每学年汇编一次，形成园本资料，供教师们借鉴。

　　活动区的材料也称教玩具，它是幼儿活动的物质基础，确切地说是幼儿游戏的道具、操作的工具、探索的学具和娱乐的玩具。什么样的材料就可引发什么样的活动，达到相应的目的。可以说，活动材料直接关系到幼儿发展的速度和方向。区角活动的材料是达到目标的阶梯，在活动区中起着举足轻重的作用，教师要做到活动渗透目标，材料隐含目标。教师要在了解幼儿能力水平和兴趣需要的基础上，根据教育意图选择活动内容，并把学习内容物化为操作性强且科学耐用的教玩具。教师投放

的教玩具材料是否适合幼儿需要要在实践中进行检验，教师可以将设计出来的教玩具投放到区角，观察幼儿是否喜欢去玩，从幼儿的活动情况确认材料投放的适宜性。只有适合本阶段幼儿的兴趣和需要的教玩具才能最大限度地发挥材料的教育功能，保持区角的吸引力。有时幼儿在活动中会创造出材料的新玩法，发现材料的新用途，教师应及时给予肯定，并加以推广。

活动区倡导幼儿独立自主学习，因此教师在提供教玩具时，可在托盘上贴上操作程序示意图或参照卡等。还可借鉴蒙氏教具中"错误控制"的做法，设计一个可供幼儿检验正误的材料，让幼儿进行自我校正，从而达到独立操作、自主学习的效果。

高结构的材料能够直接反映学习的目标，幼儿容易理解和运用，但可塑性小，需要经常更新。低结构的材料可塑性强，想象和创造的空间大，可以成为很多区角游戏的替代物，但它可能要花费幼儿较多的时间来装饰、再利用。因此，教师不要纠结材料是高结构的好还是低结构的好，材料没有绝对的好坏，能为游戏的目标和游戏过程服务就是好材料，否则就是一件摆设。

材料来源主要有购买的、利用的和自制的。

购买的材料，如蒙台梭利、福禄贝尔等系列教玩具，商店里出售的拼图、棋类、精品小挂件等玩具均可用于区角活动。购买的教玩具既精美又耐用，可以大大减轻教师制作教玩具的工作量，让教师腾出更多的时间和精力去思考和设计出更好的教育方案。

生活中的日常用具和自然物也可以巧为利用，如厨房的锅、碗、瓢、盆成为劳作区、角色区的活动材料。真实的材料可以让幼儿学以致用，迁移生活经验，获得真切感受，但要注意工具要适合幼儿安全使用。农村自然资源丰富，只要教师做个有心人，处处留心，就会发现身边的大自然不仅有着取之不尽的材料，同时也是天然的活动区。教师可以带幼儿走出幼儿园，到安全的小溪拣石子、练投掷、玩小船，到小山坡登山，到田埂走平衡，到沙滩挖坑、掏洞、堆垒，到野外玩"娃娃家"。总之，可以利用大自然得天独厚的环境和材料使幼儿的活动区乐趣横生。

自制教玩具是幼儿教师必备的技能，当现有的材料不能满足活动需要时，就需要教师自制教玩具。自制教玩具的原材料可以是购买的，也可以利用安全无毒的物品或当地的自然资源和废旧物品，如树叶、毛竹、石子、贝壳、可乐瓶、泡沫板、包装盒等。为收集原材料，可以在幼儿园入口处或班级门口设置一个"区角材料百宝箱"，发动家长把家中废弃但还可利用的物品，如矿泉水瓶、易拉罐等清洗干净，投放到幼儿园的"百宝箱"中，这样活动区的原材料就能源源不断地得到补充。

幼儿自制玩具本身就是一种活动，它不仅能培养幼儿的动手能力，而且能使幼儿更加珍惜玩具。如果发动家长参与玩具材料的制作，则可发挥家长的特长，形成教育的合力，同时也能教给家长育儿的方法。

丰富的活动材料如何有效地提供给幼儿呢？

1. 按份投放

大部分区角活动材料都须一份一份地用托盘或小盒、小筐装好，整齐地摆放在玩具柜里供幼儿选择。过去教师不太注意材料的份化，只是简单地把材料堆放在一个筐里，结果是幼儿不太明确要怎么做，怎样才算做好。幼儿有时会边做边担心材料被别的小朋友拿走而不够用，从而产生浮躁心理。有时为了保证自己有足够的材料完成一项工作，有些幼儿干脆事先占了一大批材料，导致别的小朋友不够用时就与他们发生争执。把材料份化了以后，以上问题就迎刃而解，幼儿的活动也变得更加专注有序。托盘不仅是装教玩具的容器，也是小型活动材料操作的托垫，小玩具可以直接放在托盘内操作。

在一个班级里，活动材料一般不重复，一种材料只需投放一份，但在幼儿人数较多的班级，新介绍或新投放的材料可多设一两份，以满足幼儿适时活动的愿望，适当减少等待的时间。活动区材料的份数应是班级幼儿数的两倍以上，以保证每位幼儿随时都能找到自己感兴趣的活动材料。

提供的操作材料要用托盘或塑料篮装好，并分类有序地摆放在低于儿童身高的无门的矮柜里或透明的无盖塑料盒中，让孩子看得见，拿得到，选用起来很便利。

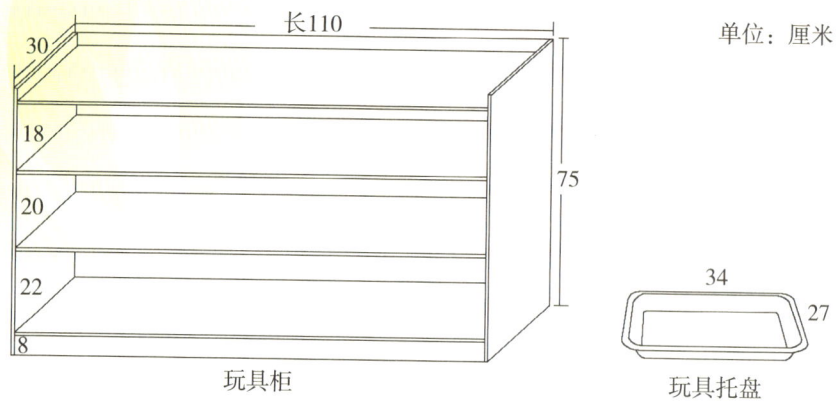

图1-11

图1-12

说明：玩具柜的长度按托盘长度的两倍或三倍多一点计算，便于托盘的摆放和幼儿取放不碰撞。

2. 按类摆放

活动材料须按类型分别摆放在相应的区角里，为了便于幼儿归类收放，各区玩具托盘与本区玩具柜最好贴上相同的标记，便于用后放回。标记可随幼儿年龄大小而变化，如小班使用小图标，中班使用数字，大班使用字母等作为标记。幼儿活动后往往会将玩具放错橱柜或丢失小配件，教师应在幼儿入园前或离园后对区角材料进行归类整理和补充，确保下次活动顺利进行。

3. 循序渐进

区角活动的材料必须由易到难，循序渐进地分步投放。如图形排序活动：第一阶段按形状排序，第二阶段按形状和颜色排序，第三阶段按形状、颜色和数量排序。随着幼儿水平的提高，适时增加难度。

4. 适时更换

适时更换材料是保持区角吸引力和满足教育需要的关键。教师一方面要随着幼儿活动的深入或配合教学的需要，逐步调换活动区材料。另一方面要观察幼儿的游戏情况，根据幼儿活动生成的新内容和发展需求补充新内容；根据幼儿操作的熟练程度及兴趣提高难度或调换材料等。那些幼儿长期不愿意光顾的区角应及时撤换，以保持区角的活力，使区角真正成为儿童的乐园。

活动的组织

区角活动的组织主要包括时间安排、建立规则和具体组织实施这几大方面。

（一）区角活动时间的安排

常常有园长、老师会问"区角活动安排在什么时间、玩多久合适"，从区角活动的本质来说，活动区是幼儿自主学习和游戏的场所，因此，原则上活动时间应以幼儿的需要来定。但客观上幼儿园有一定的生活环节，这些生活环节是相对固定的，如午餐、午睡，因此，除了生活环节以外的时间都可以灵活安排。一般来说区角活动可以安排在下面三个时间段：一是晨间接待和离园时间，这两个时间段幼儿陆续入园离园，最适合开展个别化的区角活动；二是上午或下午相对完整的时间，这个时间段进行区角活动，每个孩子都能全程参与，有利于发挥区角强大的教育功效；三是幼儿在园一日生活中的自由活动时间。而游戏性的区角活动除了以上三个时间段以外，还可以根据游戏开展的需要灵活地将游戏延伸到一日生活的其他环节。如本书"建构区里的冰淇淋店案例"讲到当幼儿游戏正在兴头上，下一个活动（早操）时间到了，教师很灵活地同意幼儿继续留在班上游戏，甚至延伸到集中教学时段。有些劳作区的内容，如学习拿勺握筷、穿衣叠被系鞋带，可以在生活环节的午餐午睡时进行。甚至可以打破时间和空间的局限，将区角活动延伸到家庭。

（二）建立规则

活动区是幼儿自由活动的场所，但自由不等于放任。建立合理的常规，既能减少活动中的矛盾与纠纷，又能帮助幼儿树立规则意识，培养自律行为，保证区角活动顺利进行。但需要注意的是：规则应有利于幼儿积极参与、交流与合作，保证活动有序进行，而不是消极地限制。

活动规则概括起来大致有以下几个方面：

1. 材料取放规则。通常教玩具材料的收拾整理易被人们认为是活动结束后做的事，其实活动材料的收拾整理是贯穿活动始终的，因为幼儿在一个活动时间内往往会更换两三种教玩具，如果到了最后才收拾往往会将各种教玩具材料乱七八糟地混杂在一起。因此，活动开始时就应建立收拾整理的规则，如一种玩具不玩时，就该先放回原处，再换另一种，这样到结束时，只需将最后玩的教玩具收拾好归放就行了。教师将活动材料一份一份地用托盘或小盒装好放在玩具柜，并贴上相对应的标志，这就等于把材料取放规则隐含在材料里，只要教师稍加提醒，幼儿就能养成哪里取来放回哪里去的好习惯。这样做改变了以往幼儿活动后不懂收拾，结束时一片狼藉的现象，养成做事有始有终的好习惯，同时减少了教师收拾教玩具的工作量。

2. 合作规则。包括协商分配角色、使用教玩具材料等规则，目的是让幼儿学会按先来后到的顺序与同伴轮流分享教玩具，学会谦让、等待、宽容、接纳，培养协作能力。

3. 活动规则。包括活动开始与结束的信号、爱惜教玩具材料、保持安静、注意安全等规则，只要大家都遵守活动规则，活动就能有序进行。活动区具体规则的制订，应依据区角内容、材料性质、操作使用方法以及区角的环境条件等多方面因素综合考虑。规则可由教师制订，也可由教师和幼儿共同商定，还可让幼儿自己议定。规则若是幼儿自己议定的，他们便会更加遵守。一般基本规则如进区规则、材料取放规则、合作规则是在该区设立前制订的，而活动规则会因活动内容的变化而变化，有些规则还会因活动需要而建立。如：区角活动中常会遇到这样一个问题，即幼儿正专注于某一材料的操作时，活动结束的时间到了，但他们手中的操作却还没有结束，这时他们会提出为什么不能让他们做完这个问题，于是，新的规则也应运而生，教师在区角增加了"小锁"的标志，如果幼儿未完成或暂时离开可以摆上小锁标记，以表示此材料有人还要继续操作，这样既能培养幼儿持之以恒的学习品质，还可让幼儿学会互相尊重。此外，教师还可以在班级做一个名片袋，给每一位幼儿设计一张名片，名片上标有班级、姓名、编号和照片。当幼儿要继续一项工作时，可以把自己的名片放在作品上表示某人还要继续，请保留。当幼儿创作的作品完成后，放在展示台时，可以把自己的名片放在作品边上，供同伴观摩。规则既不是一成不变的，但也不要轻易改变，使幼儿无所适从。合理的规则，不是限制幼儿的自主性，而应是幼儿活动顺利开展的有效保证。

环境会产生心理暗示作用，有些规则还可隐含在环境中。如书架上的书很整洁，这实际上在暗示幼儿要爱惜图书；若图书破烂、摆放零乱，就等于告诉幼儿可以不要爱惜图书。用环境来暗示幼儿遵守规则也是一种行之有效的方法。

规则制订后，教师如何帮助幼儿接受并执行呢？这有一个循序渐进的过程，一般介绍完规则后，让幼儿进入活动区，教师从中观察幼儿执行规则的情况，发现不对及时提醒，或用手机拍摄，在讲评时播放给幼儿看，让幼儿自己发现问题，主动纠正。其实，规则一经建立，幼儿之间也会互相监督执行。规则的建立与执行需要持之以恒，并贯穿于活动的始终。

（三）活动的组织

活动过程包括教师的讲解示范、幼儿的自主活动、结束后的讲评等环节。

1. 示范

新材料投放后如何介绍给幼儿？区角材料的介绍一般有两种情形：一种是新投放的材料很简单，幼儿一看就知道操作，不需要教师介绍；另一种是投放了难度较大的新材料，需要教师介绍，需要介绍的活动可模仿"蒙氏"介绍工作的方式来示范。示范前教师要将教玩具按操作顺序依次摆放在托盘里，并按从上到下、从左到右的顺序设计示范的操作顺序，示范时尽量做到简洁明了，既不要有多余的附加动作，又要让幼儿看明白。

示范过程：

（1）走线：在活动室集中教学的地方用彩色胶带或油漆画出一个矩形框，组织幼儿随着轻音乐，一个跟着一个走在线上以安定幼儿情绪。每个幼儿可两手叉腰脚跟碰着脚尖走，也可两手自然摆动或侧平举或端一张小凳子走，走一至两圈后，让幼儿面对教师围坐成半圆看教师示范。

（2）介绍：教玩具操作方法介绍要多用动作示范，少用语言讲解。这是因为一方面，教师过多的语言讲解会干扰幼儿的注意力，我们在对比中发现当教师无声地仅用动作示范时，幼儿会更专注。另一方面，从幼儿直观思维特点考虑，动作示范比语言讲解更直观，所以越小的孩子越要用动作来示范。动作示范时可以稍微夸张一些，让孩子看明白。如果有的动作比较细微或复杂，可以辅以简洁、易懂的口头语帮助孩子理解。教师介绍区角活动的开场白可根据区角的功能来说，如以学习为主的语言区、数学区、科学区可说："小朋友们，今天我们要学习的内容是×××，请注意看。"接下来教师开始示范，示范可以在大片泡沫地垫上做，也可以在矮桌上做。教师示范时动作要慢，要专注，除物品名称要用语言介绍外，其余都以动作示范为主。

2. 活动

教师介绍完新材料后，幼儿自主选择材料开始活动，教师巡视指导。教师可在幼儿活动时小声地播放无歌词的轻音乐，如班德瑞的作品《寂静山林》《春野》等。播放轻音乐有两个作用：一是让幼儿在优美的音乐中愉快地活动；二是控制幼儿活动过程中说话的音量，教师可告诉幼儿说话声音不要超过音乐声音，以免扰别人。

3. 结束

在活动结束前几分钟教师可以提高背景音乐的音量，以提示幼儿活动即将结束，要开始收拾整理了。教师要观察幼儿收拾整理材料的情况，提醒幼儿有序摆放。我们会发现这时有些幼儿沉醉于自己的作品中，往

往不想停下来，还有些幼儿不愿拆掉他们的作品。面对这些情景，教师可让作品保留一段时间，或者将作品拍成照片展示。

4. 讲评

当孩子活动有值得推广的地方，或产生的问题值得大家注意的时候，我们可以组织活动后的讲评。这种讲评不是教师单方面对幼儿活动的点评，而是教师与幼儿一起讨论、回忆、分享经验的过程。评价环节时间相对较短，涉及的点不宜太多，如何做到重点突出，在有限的时间里发挥评价的功效呢？如果是简单的问题，活动后及时点评。如果是深层的问题，教师可在活动后梳理现场观察到的记录或拍摄到的影像资料，并剪辑起来，以案例的方式呈现给幼儿。案例式的评价彰显了教师的专业水平，在引导幼儿观察、分析、发现问题、讨论对策、解决问题的过程中，既有幼儿积极主动的参与，又有教师的巧妙指导，每一次评价之后，都是一次推进和升华。幼儿的各种能力也在这种案例式评价中得到有效的发展。

交流讲评的形式主要有以下几种：

（1）讨论

教师将活动中观察到的典型事例或遇到的问题提出来，如能用生动的影像视频展示出来则更好，让幼儿议一议，就会发现幼儿有着成人所没有的思维角度，有着许多闪光点。讨论式的交流容易就某个问题达成共识，使规则得以强化，问题得以解决。如幼儿面对随地四散的玩具材料视而不见时，教师不妨将它们先收集起来，在讲评时再拿出来，问问这些捡来的玩具、小零件是否还有可利用之处，让幼儿在讨论中明确这些东西的使用价值，懂得要好好爱惜玩具材料，不能随便乱扔。

（2）观摩

当幼儿创作出较好的作品时，教师可以组织观摩式讲评，让大家欣赏成功的作品，分享成功的喜悦。如教师为提高建构区几位幼儿的合作精神与搭建技能，可以用游戏的形式组织"小小旅游团"，参观被保留的作品，并请建构者说一说建构了什么，是怎样合作搭建的，同时鼓励其他幼儿谈谈自己的看法，然后，教师再做小结，提出建议。

（3）介绍

为了给幼儿提供相互交流、表现自我、提高自信心的机会，教师还可组织介绍式的交流。如请"娃娃家"的"爸爸""妈妈"介绍他们是如何照顾"孩子"，如何搞好"家务"的，通过介绍使幼儿对自己在活动中的身份、职责有更明确的认识，同时也锻炼幼儿在集体面前落落大方的表述能力。

交流讲评可以培养幼儿的语言表达能力和概括分析能力。教师在幼儿表达的基础上，画龙点睛地对幼儿获得的直觉经验进行总结和评价，使之条理化，取得质的飞跃。但必须注意活动区的讲评是基于对活动过程的关注，基于对每个幼儿不同发展水平的关注，而不是对活动结果的统一"验收"。衡量讲评是否成功的标准，就是看它能否激发幼儿再次活动的愿望，幼儿是否对下次活动更期待。教师还可以利用讲评活动，给幼儿布置一些回家观察、实践的作业，以便下次的活动更加深入。

活动的指导

活动区的创设为幼儿区角活动和游戏提供了物质保障，而区角活动能否更好地发挥它的价值，则要依靠教师的指导。在谈指导之前我们先来理清一个问题，即重新认识区角中环境、幼儿、教师的关系。过去我们认为在活动区中教师、环境、幼儿的关系是三角形关系：教师根据教育目标和幼儿的能力水平创设活动环境，活动环境影响着幼儿的发展，幼儿在区角活动中的能力表现又为教师下一步创设环境提供依据。而在强调回归幼儿游戏的今天，我们更关注幼儿在区角活动中的游戏状态，那么，活动区中教师、环境、幼儿的关系不再是简单的三角形关系，而是一个以幼儿为中心，教师、环境、材料不断发挥作用，推进幼儿游戏和幼儿发展的交错式互动关系。在这种关系下，对教师的专业水平要求也更高。

接下来，我们谈谈幼儿区角活动时教师应如何观察指导，这一点对一线教师尤为重要。

活动区是幼儿自主活动的场所，从表面上看似乎是幼儿自己的活动，教师可以轻松一些，但实际上幼儿活动时教师要有更敏锐的观察力，要能准确地解读幼儿的行为，适时适度地发挥师幼间的互动作用，才能对幼儿的活动起促进性的作用。为了快速准确地记录幼儿活动的状况，教师可用相机或手机拍下幼儿活动的精彩镜头或存在的问题，结束后或日后讲评时播放给幼儿看，幼儿看到自己在电视里出现会格外兴奋，参加活动的兴趣会大大提高。同时这种生动形象的记录方式也可为幼儿提供一个直观学习和分析对错的机会，提醒违反规则的幼儿主动纠正。

当前，教师感到困难的是不知如何观察和解读幼儿的游戏行为，既不知道看什么，看到了，又不知道为什么。其实，不同的游戏有不同的特点和关注点。如角色游戏，重要的是孩子游戏角色的扮演，社会关系、职能的理解和替代物的使用，幼儿是否有想象和创新游戏的情节等；建构游戏则看幼儿的建构技能，建构主题是否明确、作品的表征水平、建构时的合作，以及利用建构的主题展开创造性的游戏等；而表演游戏则更关注幼儿对表演主题的理解、创新、表达与表现等等。

在不同的游戏中，幼儿处于什么样的发展水平，可以从这几个方面判断：思维能力、语言表达能力、角色意识、探索能力以及是否具有专注、有序、坚持等良好学习品质。

什么时候是教师介入指导的契机呢？一般当幼儿遇到困难寻求帮助时，就是教师介入指导的最佳时机了。有了之前的观察与分析，教师一般能够做到自然介入，但介入以后，教师还要进一步观察幼儿游戏行为，准确反馈教师介入的效果，有效？无效？还是负效？下一步该怎样做？怎样避免无效或负效的介入呢？大家可以运用尝试性介入的方法，即试着介入，先看看孩子的反应。孩子乐于接受，并改变，说明介入有效；孩子不理不睬，或操作仍不成功，则介入无效；而教师介入后，幼儿兴趣降低，或不玩了，则介入负效。

教师在区角活动指导中最容易走两个极端，一是高控制，二是放羊式。高控制即对幼儿玩什么，选什么材料，怎么玩，注意什么等事无巨细，一一过问和干预，幼儿的自主性、创造性得不到体现。放羊式则是教师提供材料后，孩子爱怎么玩就怎么玩，教师不管不问，看似民主自由，实则放任自流。还有一种观而不察式放羊容易被我们忽略。即我们常常看到有的教师能站在一旁看着幼儿游戏，但是她仅看到了幼儿玩什么，怎么玩，而没有进一步思考幼儿为什么这样玩，没有尝试分析幼儿游戏处于什么水平，需要提炼和梳理哪些经验，不知道什么时候是教育的契机，什么时候教师要介入，要推进，因此，不管幼儿出现什么问题，她都不会介入，只充当一个纪律维持员。这种无为的关注也是一种放羊。

其实不着痕迹的教育最容易被受教育者接纳。当幼儿沉浸在喜欢的活动中时，会呈现出高度投入的思考状态，此时，如果幼儿遇到无法解决的困扰，教师能及时发现他的需求，并提供隐性的帮助，就能给幼儿带来深刻的体验。如：几个幼儿用纸杯建构长城，由于不会事先规划整体布局，甲建的烽火台和乙建的烽火台靠得太近了，甲想将建好的烽火台移远些，可烽火台的底座是由许多纸杯组成的，整体移动十分困难……教师捕捉到这一信息后，就在放纸杯的筐中投放一叠卡纸，幼儿发现了筐中的卡纸："老师，卡纸放错地方了。"老师说："没放错，卡纸想帮纸杯建长城。"幼儿对老师的话若有所思。起初，他们发现卡纸可架在纸杯上做成平台，平台上可继续叠杯子将烽火台建高。后来，幼儿把卡纸平铺在地板上，发现在卡纸上建构的烽火台拖动起来很方便。最后，幼儿习惯先将卡纸在地上摆成长蛇状或其他形状后，再在卡纸上建构，长城越建越壮观，调整布局也越来越方便。整

图1-13

个指导过程，教师没有任何说教行为，仅增添了卡纸，这样的隐性指导策略，极易让幼儿享受到挑战自我的乐趣。

在区角活动中，教师要眼观六路，耳听八方，既要留意游戏活动的群体，又要关注操作活动的个体。教师要学会观察，学会解读，学会用专业眼光判断、分析，在适当的时候有所作为，这样才能有效指导幼儿活动，而教师也在此过程中获得专业能力的提升和成长。下面让我们一起走进孩子的区角游戏《快乐美食屋》，看一看游戏中的教师是怎样指导的。

快乐美食屋

孩子自选角色，忙碌起来。有的清洗工具——盘子、刨刀、水果刀、垫板；有的清洗食材——黄瓜、西红柿；有的摆盘子、汤匙；有的摆椅子。

图1-14

[观察分析] 孩子们分工明确，但又是自发的，这个游戏他们显然已经熟悉，并具有明确的角色意识，教师无需介入。

美食屋的厨房里，两个孩子刨黄瓜，一个孩子在切西红柿，另一个孩子拿起盆子向生活老师要来了白砂糖。几个服务员摆好了桌椅、盘子和小勺后走了过来，围在厨师旁催促着："快点，很多客人来了。"西红柿皮太硬了，孩子切不下来有些着急，"谢老师，快来"，一位服务生拉来了生活老师。于是生活老师被孩子邀请来帮忙切西红柿。

图1-15

[观察分析]孩子基本掌握了切、刨、搅拌、摆等技能,并会将盘、勺、椅一一对应,学会6以内数的点数。并且分工明确,各司其职,遇到困难,会主动向大人求助,生活老师受邀介入,顺利解决问题。

第一盆凉拌黄瓜做好了,有的服务生开始请客人们入座,热情地为客人服务:"您好,欢迎光临!""请问你要吃什么?""我想吃凉拌黄瓜。""我想吃黄瓜和西红柿。""好的,稍等,马上就来。"孩子们自然而礼貌地交流着。服务员为客人们端来了他们各自需要的食物。老板不停地到桌前问客人"好不好吃""够不够甜",真是一个称职的老板。客人们开心地吃了起来,非常惬意。

图1-16

[观察分析]孩子们在游戏中自然地运用了礼貌用语,游戏过程中他们非常地投入而惬意。

但是服务生只关注到自己走到桌子边的客人,请他们坐下,而坐在等待椅上礼貌排队的孩子没有人招待,眼巴巴地看着。这是小班孩子的年龄特点,他们往往只关注眼前的事物,而一些胆子小的孩子不敢主动参与。教师决定以提醒的方式介入。

图1-17

概　述

　　教师在一个服务生耳边悄悄说："服务生，等待椅上还有客人在排队呢。"服务生立即明白，马上走了过去："欢迎光临，还有位子，快请进……"几个客人高兴地走进美食屋，坐了下来。

　　其中一个女孩要吃黄瓜，但是一个男孩服务生为她端来了西红柿，女孩嘟囔着嘴说："我要的是黄瓜，不是西红柿。"但是小男生还是笑眯眯地把西红柿端到小女孩的面前。小女孩犹豫了一下，没有吃，但是过了一会儿，小女孩端起盘子开始吃起来。小女孩的确不爱吃西红柿，所以每吃一口，眉头微微皱了一下。最后她还是把西红柿吃完了。刚才的小男生招呼了几个客人后，自己也忍不住了，"我也想吃"，他端来了一盘西红柿，在小女孩的对面坐了下来，开心地吃了起来，边吃还边和同桌的伙伴愉快地交谈着。

图1-18

　　[观察分析] 要黄瓜却拿来了西红柿。这里不是倾听能力的问题，小男孩听明白了，但他认为西红柿更好吃。这是小班孩子的年龄特点，小班孩子常处于自我意识中，他们总是把自己喜欢的东西拿来与同伴分享。小女孩犹豫了一下，还是欣然接受了西红柿，并把它吃完，教师无需介入。

　　有个女孩面前已经放着一盘黄瓜，但是她没有吃，而是看着别人吃。

29

老板走过来："好吃吗？"其他三个孩子异口同声说"好吃"，这个小女孩没有说话，噘着嘴。她没有汤匙，但她始终不说，看着别人吃。一个服务生走过来，看了看，但没有注意到，走开了。另一个服务生走了过来，还是没有发现问题。看到大家吃得这么开心，小女孩嘴噘得更高了，但是她看着服务生在她眼前走来走去，就是不开口。其实教师已经注意到她了，但没有介入，想给她自己解决问题的机会。

图1-19

[观察分析] 没有汤匙的小女孩是最早到美食屋的，她爱吃黄瓜，但是黄瓜端上来了，因为没有汤匙，她没法吃，始终静静坐在那里等待。这一是反映出这个小女孩比较内向，遇到困难不会主动求助；二是她很遵守规则，静静等待，不用手抓，当文明客人；三是她有一定的控制能力，这么诱人的美味在她面前，她能忍住。教师观察等待，把解决问题的机会留给了孩子。

图1-20

看到小女孩始终不说话，教师决定介入。教师在老板耳边小声地说："老板，怎么有个客人不吃呢？"老板一下就发现了问题，只见老板回头叫唤一个服务生："宣宣，客人少一把汤匙，快拿来。"那个叫宣宣的服务生很快拿来了汤匙，递给了小女孩，小女孩高兴地吃了起来。

[观察分析] 老板和两个服务生走过来，都没有关注到小女孩没有汤匙，这是小班孩子注意力不能同时分配的特点。而小女孩心里不高兴，却不敢大胆地说出来。问题僵持在那里，正是教师介入的契机。如何介入？教师是有思考的。"老板，怎么有个客人不吃呢？"把问题抛给孩子。教师的巧妙介入，既解决了问题，又培养了老板的能力。而没有汤匙的小女孩属于个性问题，教师间接地帮她解决了问题。

吃好的客人自己清洗盘子、汤匙，放回餐桌，有的参加别的游戏去了，有的还想吃，重新坐了下来……

图1-21

来美食屋的孩子越来越多，没有位子了，盘子和汤匙也不够，有的孩子迫不及待地挤到老板身边，"老板，我也要吃""我也要"……

"不行，不行，没有位子啦！"老板和几个服务生急得直摇头。

美食屋有些混乱起来。

"老板，我们再加两张桌子吧。"教师的建议得到了老板和客人们的积极响应。于是服务生和客人一起动手，又加了两桌，生活教师也拿来了盘子和汤匙。

图1-22

[观察分析]当客人太多，而位子不够时，怎么办呢？这个问题对小班的孩子来说比较难。美食屋有些混乱起来，正是教师介入指导的契机。"老板，我们再加两张桌子吧"，教师的指导具体明确，很快解决了矛盾，孩子们的游戏恢复了正常。

美食屋里充满了欢乐，老板和服务生又开始忙碌起来，小客人们开心地吃着……

这是一个小班区角游戏《快乐美食屋》的片断，在游戏中，幼儿非常的自发、自主、自乐。从游戏中幼儿获得了生活能力（洗、刨、切、舀、摆、搬等）、数学能力（一一对应、数量关系）、语言能力（对话、表达、倾听、理解）、社会性（角色意识、分工、交往）、解决问题的能力（西红柿太硬了切不动怎么办，客人多怎么办）。那么在这种幼儿自发自主的游戏中，教师的角色定位在哪里呢？首先教师始终密切关注着幼儿的游戏，细心观察幼儿的表现。当幼儿游戏有序时，教师不介入。当游戏出现问题时，教师先进行分析和判断，思考介入的时机和方式，其次是有效介入。有时耐心等待，看看孩子自己的学习方式，解决问题的方式，留给孩子自主成长的时间和空间。有时又巧妙介入，既解决问题，又提升幼儿经验，推动游戏顺利进行。

在幼儿进行区角游戏时，教师有三个时机需要介入：

一是，活动前通过简短的问题讨论，激发幼儿的游戏兴趣，提醒今天要注意什么。

二是，活动中关注幼儿的角色意识，分析幼儿的能力水平，理性地思考，"追究"幼儿行为背后的原因、水平和教育价值。如：提醒游离游戏之外的孩子回到游戏；提醒偏区的孩子选择新游戏；分析当前幼儿思维、技能等发展水平，分析判断介入的时机与方式，在孩子需要时有效地介入。

三是，活动后推进。抛出游戏中幼儿表现最突出的问题，引发思考。如：客人来了怎么招呼？食材不够了怎么办？当有些问题是共性的问题时，教师要思考推进策略，如组织一次专题讨论；开展某一知识点的认知活动；玩一个规则游戏，帮助幼儿提升游戏水平等。

在观察幼儿区角游戏时，教师光看还不够，最好能用相机或手机即时拍摄记录幼儿的活动情况，保存幼儿活动的真实状态，留住孩子的精彩瞬间，为后续的讨论、评价和分析提供直观的依据。同时，教师还要树立案例积累意识，对游戏做深入的、持续的、推进式的观察与反思，在促进幼儿游戏发展的同时，提高自己的专业水平。

区角的评价

评价是对教育效果的价值判断。通过评价分析，教师才能对幼儿的发展状况有客观的了解，才能检验出为幼儿创设的环境、提供的材料是否适宜，教师对幼儿的指导是否有效，从而有针对性地去调整区角、更换材料、改进工作。活动区的评价不是终结性评价，它是根据当前工作的优缺点，来调整今后工作的一种反馈机制，是提高活动区教育功效的重要手段。

活动区评价主要有三个方面：一是对活动区环境创设的评价；二是对幼儿活动情况的评价；三是对教师组织指导的评价。

活动区环境的评价包括物质环境和精神环境两方面。物质环境主要看区角的设置布局、材料的投放是否合理。精神环境则看教师为幼儿营造的气氛是否轻松愉快，幼儿与幼儿之间的关系是否融洽等。

幼儿发展状况的评价主要评价幼儿的活动过程和幼儿在区角中的发展水平。可以从以下两个角度进行评价。一是，以区角活动的四大基本价值取向（自主、专注、愉悦、探究）为评价内容，对幼儿在各个区角活动中表现出来的自主性、专注性和创新性等进行评价。二是，将各区角活动所要达到的具体目标转化为评价指标进行评价。通过评价，教师可以了解到哪些幼儿已达到目标，哪些幼儿还有待提高，哪些区角需要调整，哪些活动材料需要改进或补充。若是评价个体幼儿，则应以其自身发展的前后比较为主，以利增强幼儿的自信心，让每个幼儿都能成为成功者。若评价全班幼儿，则可将评价内容设计成表格，便于记录与对比分析。

教师组织指导的评价主要指教师在组织指导活动时，能否适时适度地介入指导，教育行为是否有利于幼儿主动参与、促进幼儿发展等。

案　例

建构区里的冰淇淋店……

这里介绍的是一个生成于建构区里的角色游戏，由角色游戏又衍生出美工活动，进而产生了社会交往等系列活动。整个活动充满了欢乐，充满了激情，充满了自信……是孩子们一次快乐自主的学习、游戏之旅。

时间：2014年1月6日

场地：教室连着寝室的建构区

［偶发事件］

图2-1

建构区里的叫卖声

图2-2

今早的区域活动孩子们都专注地玩着各自的玩具，突然寝室边上的建构区传来一阵冰淇淋的叫卖声，许多孩子放下手中的玩具跑了进去，我也好奇地跟了过去。只见瑶瑶把一盘搭建拼插用的玩具按颜色分类装在纸杯里，当成冰淇淋在那里叫卖，盘子旁边还叠着前期班级美工区收集来的大量的纸杯，玩具柜在床铺边上，她们站在床铺上，还真像站在柜台里。叫卖声吸引了不少"顾客"前来光顾。

瑶瑶俨然一副老板的样子："卖冰淇淋！各种口味的冰淇淋！今天半价。"

涵涵凑过来："有什么口味的？"

"这是橘子味的，"瑶瑶指着装着橙色玩具的那杯，接着又指着另外三杯推荐说，"这是西瓜味的（绿色的玩具），还有蓝莓味（紫色）和草莓味（红色）的。"

"我买一杯橘子味的。"涵涵指着橙色那杯说。

"好的，马上就好。"瑶瑶重新拿来一个纸杯认真地装了起来，装得满满的，递给涵涵。

涵涵接过"冰淇淋"，津津有味地"吃"了起来。

"要付钱，半价要一块钱。"瑶瑶旁边的吴静叫了起来，她的面前放着一盘彩色雪花片，原来她是收银的。

"哦！"涵涵非常配合地掏了一下口袋，假假地拿出钱递给吴静（只是个手势，其实手上什么都没有）。

案 例

吴静认真地接过"钱",然后从盘子里取出四片雪花片递给涵涵:"找你四块。"

涵涵接过"钱"放入口袋,转身朝外边走去。

"杯子要回收的。"瑶瑶赶紧提醒了一句。

"吃完了,杯子给你。"涵涵走出去几步,装作把冰淇淋吃完了,回头把杯子及一杯子的玩具还给了瑶瑶。

瑶瑶熟练地把玩具重新倒入"冰淇淋"盘中,纸杯也套在一起。

涵涵盯着"冰淇淋"盘,嘴巴轻轻地动了动,好似回味无穷,吃完了也舍不得走。

角色游戏在建构区生成:替代物是彩色玩具、纸杯。角色是老板和顾客(通过简单的对话建立角色关系)。游戏情境是买卖和品尝。

"好吃吗?"我笑着问她。

"好吃,"涵涵直点头,一本正经地问我,"老师,你要吃吗?"

哇,帮助推销啊,看来真的是好吃。"好的,我要一杯草莓口味的。"我也当起顾客,挤到柜台前。

有时教师融入幼儿的游戏角色,成为幼儿游戏的伙伴,也是一种激励性的、有效的指导方式。

"宋老师要一杯草莓口味的。"旁边收银的吴静不知什么时候注意上我了,接过话转身对"老板"说。

"草莓口味的冰淇淋给你。"瑶瑶麻利地装了一杯红色的"冰淇淋"递给我。

"谢谢!"我愉快地接过冰淇淋,也假装掏出了钱递给吴静。

吴静接过"钱",放入口袋,然后数起盘里的雪花片:"1、2、3、4……9,九块钱找你。"

"咦,找我这么多?"我不解地问。

"你付了十块钱。"

"哦,谢谢!"我小心地把九片雪花片放入口袋。

生活经验给了孩子们游戏的隐性支持,孩子潜意识里觉得大人比小孩钱多,所以要找更多的钱。已有的经验在游戏中进行了有效的迁移,这便是孩

子学习的潜质。

幼儿能力水平：这几个孩子角色游戏水平较高，会运用替代物（把雪花片、彩色积塑想象成钱、冰淇淋），构思情节（有不同口味，买卖，老板、顾客、收银员之间的交流）、假想的动作（付钱找钱、津津有味地吃）等。同时体现了孩子数理逻辑水平（会 5-1=4，10-1=9，市价 2 元的冰淇淋半价是 1 元）和经验的迁移能力（会运用商品推销策略、数学经验）。

"老板，我要蓝莓味的。"小机灵鬼郑鑫挤进来迫不及待地举着手大声叫。

"蓝莓味的冰淇淋好了！"瑶瑶迅速装了一杯紫色的"冰淇淋"，边说边递给了郑鑫。

"这不是蓝莓味的，紫色应该是葡萄味的。"旁边的诗童突然发现了问题，提出了质疑。

"蓝莓味是暗蓝色的。"几个孩子异口同声地说。

这可难住了老板，因为这盘玩具恰巧没有蓝色的。怎么办？我在一旁默默地看着，想看看孩子们会怎样自己解决问题。等待是对孩子的一种信任，是给孩子一个自由发展的平台。

只见瑶瑶迟疑了一下，把拿着紫色"冰淇淋"的手缩了回来："对不起，蓝莓味的卖完了。"嘿，这丫头脑子转得真快，竟然把问题踢给了别人。

图2-3

"葡萄味的我也喜欢。"郑鑫毫不犹豫地说，手依然伸得长长的。

"真的？给！"瑶瑶高兴地把紫色"冰淇淋"放到郑鑫手上。

"老板，我要西瓜味的。"

"老板，我要可可味的。"

买卖快乐进行着……

冰淇淋店雏形

"老板,我想坐着吃,有桌子就好了。"我抛出一个新问题。

"对,麦当劳、肯德基、大碗茶都是有桌子椅子让客人坐下来吃的。"小羽附和着。

"我去搬桌子","我搬椅子",勤劳的荣融和子标立马行动起来,几个孩子也跟着走了出去。门口就有几张孩子们下棋的桌子和椅子,大家七手八脚,一会儿就把桌子、椅子摆好了。

这是教师有意的介入行为,一个小小的建议引发了孩子们进一步的活动,有时指导就是那么简单,因为孩子比我们想象的要聪明能干得多。

幼儿自发地搬来桌子和椅子,创设了简易的餐厅,这是幼儿生活经验的迁移,他们给冰淇淋店增设了桌椅,并坐下慢慢享用,这种快乐和惬意吸引了更多的幼儿自发地融入游戏之中。

荣融要了一杯"西瓜冰淇淋"坐在桌子旁有滋有味地吃了起来,又有几个孩子点了冰淇淋坐下来,慢慢品味着,一副很享受的样子。

······

当孩子出现偶发的自主游戏行为时,教师首先要有游戏意识,把握教育的契机,支持和推进游戏,让更多的孩子参与进来。

图2-4

图2-5

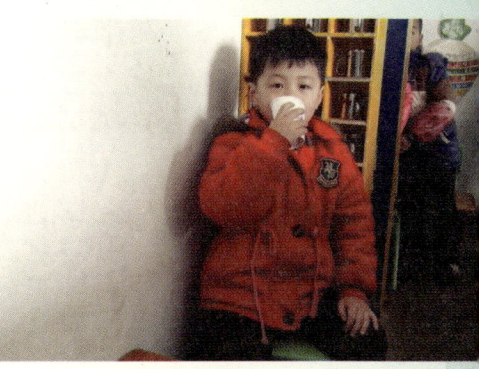

图2-6

39

图2-7

"我来当点餐的服务生。"子怡从书包里拿出一本本子和一支笔。我灵机一动，拿下家长签名的硬木夹递给她。

随手利用的硬木夹，解决了孩子书写上的困难。教师有时要做一个有心人，及时为孩子提供帮助。

子怡把本子夹到硬木夹上，走到"小顾客"们面前："你们好！请坐，请问你们要点什么口味的冰淇淋？"（一个礼貌而称职的点餐服务生）

在真实的游戏情境中，孩子们学到更多，也做得更好。社会交往能力和礼貌待人的品质不是仅靠教出来的，游戏给了孩子学习与实践的舞台。

"我要菠萝味冰淇淋，他要苹果冰淇淋。"李响指着晓晓说。

"好的，"子怡麻利地在点菜单上写了起来，然后回过头对涵涵说，"菠萝味、苹果味各一杯。"

我好奇地凑过头去，想看子怡在菜单上写什么，只见子怡在纸上画了一个类似菠萝的图形，后面标着数字1。

图2-8

"这是菠萝味的，1是代表1杯。"怕我看不懂，子怡主动解释说。

"这呢？"我看到一个"1"上画了一个类似"√"的符号，我还真有些看不懂。

"这表示已经付过钱了。"

"真聪明！"我不由称赞道。

幼儿能力水平：孩子能够用符号记录和表征，具备前书写的能力。

虽然不会写汉字，但是孩子们却用自己独特的语言——儿童的一百种语言来表达。

孩子们有些等不及了，凑过头来，"我要点西瓜味的"，"我要苹果味的"……

子怡迅速记录下来。

虽然新增加了点餐服务生，但是瑶瑶老板也没闲着，她耳朵可灵着呢，早就听到小客人们点的单，把需要的冰淇淋给准备好了。

冰淇淋店里老板和服务生们紧张地忙碌着，小顾客们惬意地品味着美食，有说有笑，其乐融融。

……

"要有人说欢迎光临。"不知谁说了一句。

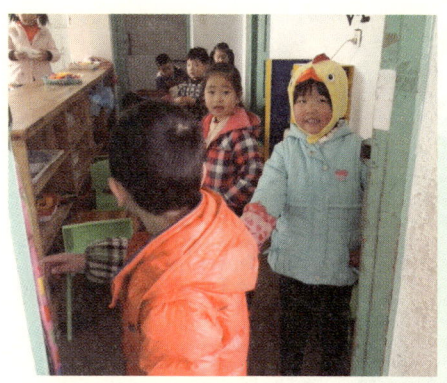

图2-9

"我来说。"诗童从表演道具柜拿来小鸟头饰戴在头上，自告奋勇走到门口。

"欢迎光临！""小鸟迎宾女生"果然吸引人，又有不少小顾客挤了进来。

"老师，我觉得迎宾小姐要披一条带欢迎标语的绶带。"依晨提议。

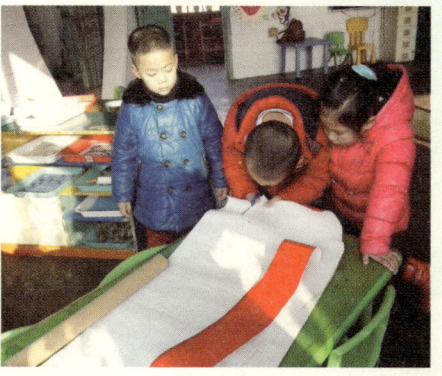

图2-10

"嗯，主意不错，我给你们准备做绶带的材料。"我拿出前段时间布置环境剩下的红色和黄色即时贴。

"老师，我不会写字。"依晨有些为难。

"没事，有老师在，"我摸了一下依晨的头说，"我写字，你剪飘带。"瞧，依晨剪得多仔细。

"对着线剪。"旁边的可可和楠楠紧张地看着，不时地提醒着。

图2-11

"礼仪绶带上写什么呢？"我问。

"写冰淇淋店欢迎您。"

"好，就写冰淇淋店欢迎您，直接明了。"

"冰——淇——淋——店——欢——迎——您。"我一边写一边念。孩子们围着我，专注地看着，一言不发，生怕吵了我似的。

从孩子专注的神情可见孩子对游戏的投入和对游戏工作的重视，在孩子眼里，这是他们自己的事，很重要的事。而我这个帮手自然地受到孩子的尊重和欢迎，成为孩子游戏中平等的一员。

早操音乐响起来了，晨区活动结束了，孩子们依依不舍地收拾着场地和材料。"老师，我们明天再来玩。"这是孩子们说得最多的一句话……

瞧，这两个小家伙还趴在柜台前兴奋地交流着，舍不得离开呢。

图2-12

图2-13

冰淇淋店大讨论

不用等到明天，孩子们那份投入、自主、快乐的游戏状态已经深深感染了我，我思考着接下来该做什么？

教师的推进策略：组织游戏活动后的分享活动。

下午我把早上拍的照片放到电视上让孩子们欣赏。

"瑶瑶今天非常棒，当冰淇淋店的老板当得很好。"

"我今天吃了很多口味的冰淇淋，有草莓味、西瓜味、蓝莓味……很好吃。"

"我喜欢吃巧克力口味的冰淇淋。"

"我也是，可是玩具没有巧克力色的。"

"老师，收银台要有个电脑，自动出票和收钱。"

"要有个招财猫，可以请小朋友来演招财猫，戴上猫的头饰。"

"欢迎光临，欢迎光临！"我扮成招财猫的样子，向大家招了招手，逗得孩子们哈哈大笑。

轻松愉快的气氛为孩子们营造了宽松的心理环境，能促进孩子更好地思考、创造和表现。

"我们早上做的欢迎绶带还没做完。"依晨看着诗童说。

"要在杯子上贴上口味的标志，服务生要有统一的衣服和帽子，冰淇淋店门口要贴一个大大的立体的冰淇淋吸引小朋友。"子怡一口气说出了三条建议。

"对，在门口画一个冰淇淋城堡，城堡的屋顶都是七彩的冰淇淋。"

"还要写'冰淇淋城堡欢迎你'。"

"门两边还要站两个大大的冰淇淋机器人，让人一看就知道这里是超酷的冰淇淋店。"

"可以画宣传单到街上发。"

"要画路线图，教人家冰淇淋店怎么走。"

"给过生日的小朋友戴生日帽，冰淇淋免费。"

"要设计点餐单，放在桌上，让客人选择。"

图2-14

图2-15

图2-16

"我家里有很多顶圣诞帽，给服务生戴圣诞帽会更热闹。"阿桢高举着手说。

"要买花炮、大鞭炮、大气球。"

"大三班冰淇淋城堡开业啦！啪啪啪啪啪。"调皮的周松模仿起鞭炮的声音，逗得大家跟着当起鞭炮来，"噼里啪啦""啾……嘭"……哇，还有礼花！

快乐的笑声、爆竹声充满了整个教室。

"冰淇淋上也可以插花，这样冰淇淋就更漂亮了。"宇轩发现了班级墙上的花，有了新主意。

"花也可以布置在门口，还可以送开业大花篮。"阿桢补充说。

"像班级悬挂的花条一样，把各种口味的冰淇淋画下来悬挂起来。"

"可以画价格表，几颗星星就代表几块钱，假假的钱。"

"门口要贴冰淇淋标志。"

"还有禁止吸烟标志。"

"哈哈！"……又是一阵笑声。

"冰淇淋店要装饰得漂漂亮亮的，客人就会来。"

"要写几号桌，这样服务生就不会送错了。"

"店如果太小，客人太多，可以坐到外面，撑个太阳伞。"

"可以发优惠券，还可以做一辆冰淇淋车到街上卖。"

……

孩子们的主意层出不穷，我都来不及记了，大家争着把手举得老高。有一些孩子甚至等不及我请他说，直接冲到我的面前，七嘴八舌，弄得我手忙脚乱，连忙说："慢点！慢点！好主意太多，我记不过来啦！"……

图2-17

孩子的生活经验得到很好的迁移，教师要做的就是耐心地倾听，把孩子们的主意一一记下来。这样做一方面从孩子的谈话中分析和了解幼儿已有的经验。另一方面进一步观察幼儿游戏行为的目的性，引导幼儿实施自己的想法。同时也体现教师对幼儿意见的重视。

图2-18

"大家的主意真是太好了，咱们现在就动手做。你们想好要做什么，怎么做，需要什么帮助，告诉老师。"

冰淇淋店巧装饰
——由角色游戏生成的美工活动

孩子们早就蠢蠢欲动了，我的话音未落，孩子们已经一哄而散忙乎起来了。有的迅速打开书包拿出画笔、画纸，有的很快找到彩纸、剪刀、双面胶，还好我们美工区前期收集了很多的纸盒、纸箱、卡纸、海绵纸、即时贴等，这下可派上用场了。大伙画的画、剪的剪、涂的涂，忙得热

图2-19

火朝天，没有一个游离在外。

经过集体分享和讨论，小范围的游戏引发了全班幼儿的积极参与。角色游戏生成了自发自主的美工活动，大家为装饰冰淇淋店快乐地忙碌着。

"我要给墙壁装饰花型，你呢？"

"我装饰爱心。"

孩子们自由地讨论着。

自主选择、自由表现、大胆创意，这才是孩子最真实的学习状态，最快乐的游戏时光。孩子是学习的主人，一切由孩子自己做主。教师可以加入忙碌的队伍，和孩子一起制作，也可以悄悄地跟在后面，当孩子需要时帮上一点小忙。总之不要打扰和干涉孩子就对了。

"老师，这里星星有几颗就是几块钱。"郑鑫画出了有自己独特创意的价格表。

图2-20

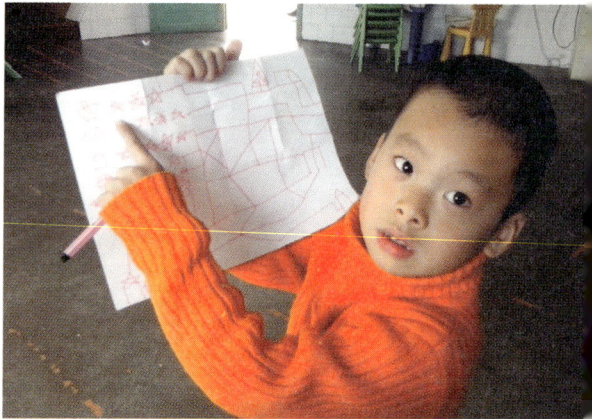

图2-21

"我要贴上方向标志,教大家冰淇淋店怎么走。"晨晨边贴边说。

"男服务生要系领带才帅气。"诗童边画边自言自语。

"老师,这是我设计的不同口味的冰淇淋标志,这是草莓味、这是白雪味……"子怡兴奋地举着标志跑过来告诉我。

"嘿嘿,这是我设计的冰淇淋标志。"阿政真的好开心啊。

"这是我做的巨无霸冰淇淋,要卖 3000 块。"张青把一个超大的七彩冰淇淋搬到柜台上,得意地告诉大家。

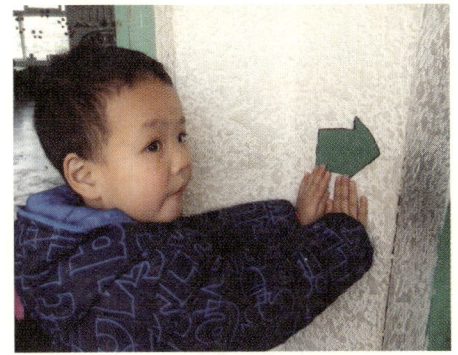

图2-22

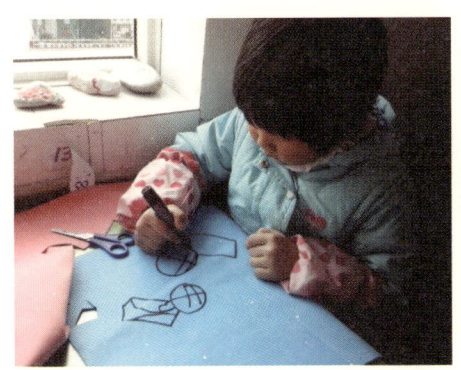

图2-23

图2-24

图2-25

图2-26

47

"这是优惠券,有不同的优惠价格。"

图2-27

"我给冰淇淋杯子画上不同的口味标志。"荣融非常认真,子标站在他身后很久了他都没有发现。

"这些都画好了吗?"子标不放心地一一检查一遍。

图2-28

图2-29

"这个没画。"被郑鑫发现了一个没画标志的杯子。

"我来画！我来画！"荣融急忙伸手来抢，这可是他的活。

"咱们一起把冰淇淋分好吧。"几个好朋友齐心协力……

图2-30　　　　　　　　　　图2-31

一直到放学离园时间，孩子们还在紧张地忙碌着，家长很自然地加入了孩子们的游戏队伍。

"爸爸，太高了，帮我贴。"

"叔叔，我们冰淇淋店好看吗？"

图2-32　　　　　　　　　　图2-33

"孩子，这是什么？"洋洋妈妈看着孩子手中的东西不解地问。

"我做的服务生领带，蓝色是男生的领带，粉色是女生的领带。"

图2-34

幼儿区角活动
YOUER QUJIAO HUODONG

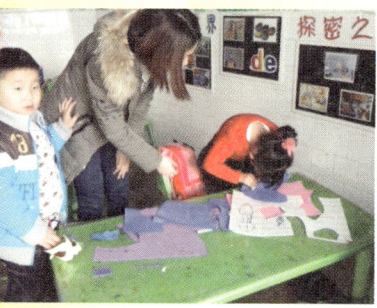
图2-35

图2-36

图2-37

图2-38

图2-39

"宝贝，回家了。"
"不嘛，我还没做好。"
"好吧，我帮你。"
"爸爸，等一下，我还要剪一个禁止吸烟的标志，冰淇淋店里是不可以吸烟的。"
"我的禁止吸烟标志贴在这里。"
贴上小雪花装饰一下。
"妈妈，这是冰淇淋店的送餐电话号码。"
"啊，这不是你爸爸的手机号码吗？"妈妈笑了。
"呵呵。"孩子也笑了。

图2-40

图2-41

"今天家里有客人，要早点回去，可是他就是不肯，说一定要做完。"依晨妈妈一脸着急的样子。最后她还是妥协了，耐心地坐下来帮孩子剪字。

"小弟弟也来帮哥哥忙哦。"……

"'迎'字还有些不平。"多执着的孩子啊！

图2-42 　　　　　　　　　　图2-43

全部小朋友都被接走了，教室里只留下亲密的母子俩……

我拍下了这个令人感动的镜头。

虽然孩子们的画有些稚气和粗糙，剪刀用起来也不顺溜，边角剪得歪歪扭扭的，凹凸不平，但那是孩子自己的创意，是孩子自己独一无二、饱含深情的作品，那份热情、那份执着、那份专注、那份自信，让人不忍心打扰他们，也不应该打扰他们。教师给予他们赞许的目光和肯定就已经足够了。

明天，冰淇淋店又会发生什么故事呢？敬请期待……

图2-44

精彩的第二天

第二天，我一到班级，发现冰淇淋店已经开张啦！两个小老板正在给客人准备冰淇淋，客人笑眯眯地看着，一副悠闲自得的样子。

冰淇淋杯上不知什么时候已经全部贴上了口味及价格标志。看来我错过了许多精彩。

图2-45

图2-46

"这三个孩子来得比我还早呢。"生活老师笑着告诉我。

说话间，又有一群孩子来了……

"老师，我自己做的圣诞帽。"荣融一看到我，兴奋地跑过来，头上戴着一顶自制的圣诞帽。做得真像，细心的妈妈还给帽子安了个伸缩扣。

图2-47

"我也带来了冰淇淋店服务生的服装和帽子。"我举着装着衣服和圣诞帽的袋子高声宣布。

教师积极地为孩子的游戏做一些准备,更能激发孩子积极性,亲密师生关系。

"我要!我要!"孩子们兴奋地挤到我身边。

"来,穿上试试。"我兴冲冲地给孩子们穿上衣服,戴上帽子。

"我来帮你系。"孩子们互助起来。

自发的友爱行为常出现在孩子们的游戏中,这些不是可以教出来的。

"真好看!"我由衷地赞美一句。

孩子们开心极了。

有了统一的服装,冰淇淋店有模有样了。

"你在干什么?"子标好奇地问。

"收银啊。"宏远认真地回答,手还不停地敲打着"键盘"。

"昨天的巨无霸冰淇淋呢?"

哦,我恍然大悟,这不正是昨天几个男孩做的"巨无霸冰淇淋"吗?今天摇身一变,变成收银机了。

图2-48

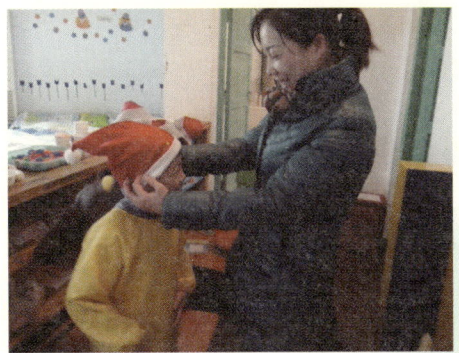

图2-49

图2-50

宏远似乎没有回过神来，也许他压根不知道巨无霸冰淇淋的事。

"如果贴上收银台标志，客人就知道来这里付钱了"。还好，子标并不纠缠于昨天的"巨无霸"，而是诚恳地提起建议来。

丰富的想象力让孩子们很快地投入新的角色，也让游戏变得更加真实，孩子间的沟通更加容易。

穿好服装的刘灿拿起了畚斗和扫帚，"我来搞卫生"，边说边一本正经地扫起地来。

一张纸屑半天就是扫不进去，那笨拙但又执着的样子实在可爱。

我实在按捺不住："我帮你吧。"刚想走过去，只见刘灿一弯腰干脆用手捡了，然后胜利地朝我笑。

我也被逗笑了。

图2-51

图2-52

"老师，昨天我是当点餐员的。"迟到的子怡看到"点餐员"被涵涵当走了，一脸的沮丧，跑来向我求助。

"可是服装已经没有了。"我一副爱莫能助的样子。

有些问题并不需要教师直接解决，留给孩子自己解决问题的空间，也许孩子会解决得更好。

犹豫了一下，子怡转身快步朝涵涵走去……

子怡是班长，平时很能干，大家都很听她的，她会做什么呢？我有些担心，密切关注事态的变化，随时做好应对。

"我来教你。"子怡叫来涵涵，一板一眼地当起师傅来……

我赶紧拿起相机抢拍下这个珍贵、友爱的镜头。

当时子怡的表现着实让我有些感动，想想刚才的担心，真是多余。

洞悉孩子的心理不是一件容易的事，在日常教学中，教师常常因为武断而误会孩子，因此在没有弄清楚事情之前，教师需要静静等待和观察，不要轻易做判断。

"你们要什么口味的冰淇淋？"点餐员涵涵礼貌地询问客人。

"老板，我要一杯西瓜口味冰淇淋。"

"我要橘子味的。"

客人们装着迫不及待的样子，直接对着老板嚷嚷，根本不理会点餐员。

"小声点！小声点！"有人不停地提醒。

客人越来越多，挤到了柜台前，有的甚至爬到餐桌上。

冰淇淋店乱套了……

一边延续着快乐的冰淇淋店游戏，一边是幼儿为自己想象中的冰淇淋店继续进行制作。每个孩子都能找到自己的兴趣点，愉快而自主地忙碌着。

教室里，瑶瑶和江宇轩专心地设计收银台标志。

"用这个颜色好看些。"

"我来帮你。"他们小声地交流着，配合默契。

图2-53

图2-54

图2-55

有几个孩子在画冰淇淋。

"老师，我说冰淇淋七彩的好看，可是他偏要涂得黑黑的。"豆豆着急地向我告状。

"不是，不是！这冰淇淋上面是黑色巧克力！"郑鑫赶紧解释，一双大眼睛充满着委曲和不安。

图2-56

"黑色巧克力？不错，黑色看起来不好看，但一定很好吃。"我的回应既不否定豆豆对审美的判断，也不打击郑鑫的想象力。

"巧克力要涂均匀哦！"豆豆认真地叮嘱了一句。

碰到这种情形，顺应孩子的思维也许事情就变简单了，而不是靠教师的权威。

还有几个孩子在美工区继续着上一天的工作：制作喜庆花炮。瞧，孩子们多认真。

"老师，瞧我做了两个花炮。"

"这个我做的。"

图2-57

图2-58

"我又做了两个。"子怡好开心。

"数数做了几个。"

图2-59

图2-60

"宋老师，快来看伟伟和他爸爸做的机器人。"荣融跑进来拉住我就往门外跑。

"哇！好酷的机器人。"连隔壁班的老师和孩子都被吸引来了。

图2-61

图2-62

"这是我和爸爸还有依晨和他妈妈四个人一起做的。"伟伟自豪地介绍。

"昨天晚上太迟了，还没有涂颜色。"依晨补充说。

"我来帮你涂。"瑶瑶、荣融迅速拿来了颜料和画笔。

图2-63

"我也来涂。"又加进来两个小家伙。

图2-64

图2-65

孩子们有的涂机器人的手臂,有的涂机器人的脚,相互协作,配合默契。

平常我们总思考怎样培养孩子的协作能力,其实在真正的游戏中,孩子们的相互协作是自然而然的事。

图2-66

图2-67

早操音乐响起了。

"老师,我们还没涂完呢。"孩子们听到音乐着急起来。

是支持孩子们继续游戏、学习?还是遵守幼儿园的作息规定?也许这是许多教师常常碰到的问题。个人认为幼儿园一日作息时间安排是常规性的,特殊时候可以灵活处理,当与孩子的学习需要相冲突时,则应该以孩子的需要为主,这也是"尊重孩子"的体现。

"没事儿,你们接着涂,其他小朋友随老师去做操。"

"老师,我们也没完成。"教室里的其他孩子也嚷嚷起来。

"没关系,没完成的接着做,已经完成的小朋友可以去做操也可以留下来帮忙。"

有了教师的支持,孩子们不再顾忌,继续着手上的工作。

平时我们是不是经常强迫孩子,随便打断孩子们的游戏?这个问题引起我的思考。

今天参加做操的孩子不到十个,多数孩子仍在教室里忙碌着……

等做完操上来,孩子们的机器人已经涂好了。

不知谁的主意,给机器人披上了礼仪绶带,真不错。我欣赏着孩子们的杰作。

"老师,这是我做的桌牌。"

韩韩拎着个袋子走到我跟前。

"这是1号桌牌,这里面还有2号、3号……6号。"

"我们一共有六张小桌子。"

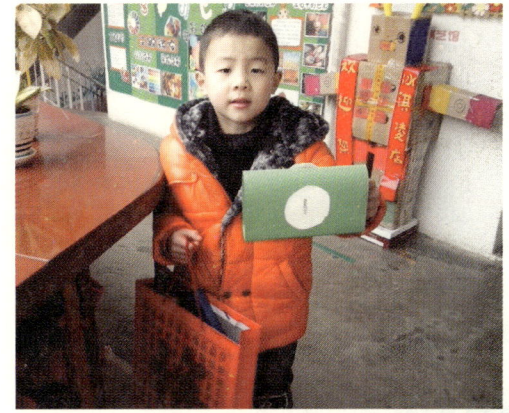

图2-68

看来孩子在制作桌牌前是数过数的。这是游戏与数学结合的有力见证。我们常常担心游戏是否能促进孩子全面发展,常常抱着分科教学模式舍不得丢弃,常常做着"我要教给孩子什么"一厢情愿的事,今天亲历孩子们游戏的点点滴滴,感悟很多很多……

图2-69

走进教室,孩子们自发的行动再一次让我感动。

涵涵和吴欣配合着将废纸一点一点扫进奋斗里。

"我来,这边还有。"子怡拿过扫把。

"地下还很多。"几个孩子钻进桌子下面。

"小心,头!"懂事的子标用力将桌子抬了起来。

图2-70　　　　　　　　　　图2-71

吴静拿着抹布一张一张桌子擦过去,擦得很仔细。

图2-72　　　　　　　　　　图2-73

"我来擦吧。"被拿走了扫把的涵涵,转身和吴静商量起来。

几个女孩快速收拾着桌上的废纸。

李俊一个人就把桌子给转回原地。

图2-74

案例

"剩下的边角料我们放小房间里吧。"看到楠楠直接将整理过的边角料放在阅读区,我走了过去,想帮点儿忙。

"不,等会儿我们还要用。"

孩子们七手八脚很快就将桌椅、地板整理好了。

"原来小朋友这么能干。"生活老师一脸感叹地对我说。

图2-75

我直点头,心里充满着欣喜和感动。

"原来小朋友这么能干"这一句感叹不仅表扬了孩子,更值得我们反思:我们对孩子真的了解吗?信任吗?放手吗?包办代替是真的关心爱护孩子吗?孩子究竟会什么?需要什么?我们又知道多少呢……

发现新问题

教师指导策略:讨论发现的新问题,继续推进游戏。

吃完了点心,我组织孩子们坐下来,说一说今天冰淇淋店玩得怎么样。

"老师,今天冰淇淋店太乱了,客人都不坐下来点餐。"涵涵第一个举手。

"太挤了,我们都坐不下来。"

图2-76

"老师,小羽跪到桌子上。"

"很多人没有付钱。"

"今天冰淇淋店太吵了,他们说话都很大声,不文明。"

……

孩子们争先恐后地说着,看来问题的确不少。

图2-77

图2-78

图2-79

"冰淇淋店生意那么好，客人太多了，怎么办？"我抓住了关键，给孩子们抛出了一个新问题。

游戏中孩子往往只关注到表面现象和单一问题，这时就需要教师理清思路，抓住问题的关键，并通过新问题引导孩子继续深入推进活动。

"我们把桌子搬到走廊，客人可以在外面点餐。"真是好主意，刘灿的办法得到了大家的支持。

"走廊两边都可以摆。"

"外面墙上也可以贴上各种口味的标志，让客人知道冰淇淋有很多口味。"

"还要有送餐员，由送餐员把冰淇淋送到客人桌上。"

"对，这样客人就不会挤到柜台了。"

"还要设计一张大海报，把客人吸引进来。"

……

孩子们越说越起劲。

"好，和你的好朋友商量一下怎么做。"

分组讨论的形式，让更多的孩子有发言的机会。

想好了就去做

孩子们正热烈讨论着，张青举着一个牌子走了进来。

"哇，好漂亮啊。"孩子们都激动地鼓起掌来。

"冰淇淋店广告牌，我和妈妈一起设计的。"张青自豪地说。

"老师，把广告牌固定到冰淇淋店大门上。"孩子们纷纷提议。

"马上！"我积极响应，把漂亮的广告牌固定到门口最醒目的位置。

孩子们围过来，叽叽喳喳兴奋不已。

及时回应是教师对幼儿游戏的支持策略之一，也是保持幼儿游戏热情的关键。

"老师，我们在这里贴各种口味标志，客人一来就能看到。"韩韩突然指着"棋盘墙"说。

这小家伙竟然打起了"棋盘墙"的主意。不过既然是孩子需要，精心布置的"棋盘墙"只好退位了。

环境是属于孩子的，是为孩子学习游戏服务的，孩子需要的环境才是最好的环境。

图2-80

图2-81

图2-82

"快来量一量有多宽,多长。"在他的指挥下,几个孩子认真地量了起来。

图2-83

图2-84

开始我不明白孩子们为什么这么做,问了韩韩才知道原来他已经想好要用8开画纸来设计口味展示墙,他量一量就知道需要几张纸。

孩子将测量和数学经验自然迁移到游戏中。孩子的行为已经有明确的目的和计划,他们学会了规划,这种智慧只有实践才能促进。

吃完了点心,孩子们又忙开了。忙于设计各种口味的宣传招牌。

"老师,这是梨子口味的。"李响指着他画的梨标志得意地说。

图2-85

图2-86

"看,这是梨子味的。"李响又把自己画的梨子标志向同伴展示了一番,好不得意。

可是,除了刘灿抬头看了一眼,其他人都只顾专心地忙着呢,没人理他。

"老师,我画的是西瓜味的。"看我走过来,阿政忙介绍说。

"妈妈切的阳桃就是五角星状的,怎么又不像呢?"刘灿自言自语道。

图2-87

图2-88

"我画樱桃味,你画什么味的?"郑鑫凑过头来看了一会儿,好奇地问子怡。

"巧克力味。"子怡头也不抬,专心地画着。

"有蘑菇味的?"豆豆不解地问。

"新口味,"阿轩接着说,"要有新口味大家才爱吃。"

生活经验的迁移,让孩子们有了更丰富的想象和创造,孩子间的交流也很多,这在以往教师主导的活动中是很少出现的。

图2-89

图2-90

图2-91

图2-92

图2-93

"哇，还有棒棒糖味""桃子味""汉堡味"……

"好多种口味的冰淇淋！"李俊看看这个，瞅瞅那个，兴奋地叫着。

看似随意走动的孩子，其实并没有置身事外，游戏给了孩子更大的自主空间，虽然每个人的表现各不相同，但对游戏内容的专注与热情却是相同的，在游戏中孩子获得了各自的发展。

还有不少孩子热衷于制作喜庆花炮。

别以为这个活很简单，其实里面藏着许多秘密呢。如红纸、黄纸的大小比例、纸剪的宽窄等，如果计算不准确也许就包不全或做不像了。看来孩子们不仅要动手，还要动脑哦。

"老师，红纸总是不够宽。"果然有人出状况了。只见吴静拿着卷了一半红纸的纸筒跑过来求救。

"你去看看别的小朋友用了什么办法。"我给她提了个建议。

孩子在游戏活动中有许多相互学习的契机，引导孩子向同伴学习，可以培养他观察了解同伴，发现同伴的优点并向同伴学习的能力。同时教师也要做一个有心人，及时发现孩子们的闪光点。

依晨耐心地示范着："先用红纸包住纸筒卷一圈，然后用手指定好位置，最后再用剪刀按线剪下来，这样就刚好了。"

"也可以这样剪，"对面的韩韩也总结出了一个好办法，"红纸把纸筒卷好一圈后不要松开，直接剪下来，看，像这样。"

图2-94

图2-95

"剪好了！"韩韩的脸上露出得意的笑容。

"你剪，我帮你拿着。"叶轩没带剪刀，但也没闲着。

在自主游戏中，每个孩子都能找到适合自己的位置。孩子们互助合作的身影也随处可见。

图2-96

图2-97

"我来帮你一起点。"两个好朋友凑到了一起。

"你的红色纸可以借我一点吗？"吴欣非常有礼貌地问。

"好。"伟伟更是爽快，把自己唯一的一张都给了吴欣。

图2-98 　　　　　　　　　　图2-99

"我还有。"徐铭也递过来一小张红纸。

"我有了，谢谢！"吴欣愉快地回应着，她可不贪心。

"这剪刀不好剪。"子怡对着一把塑料剪刀发愁。

"我有，借你。"晨晨取出自己的剪刀递给了子怡。

"谢谢！"子怡一副灿烂的笑容，有礼貌地双手接过剪刀。

图2-100　　　　　　　　　　图2-101

"你们剪胶布，我来贴。"孩子们学会了分工协作。

图2-102

图2-103

可欣小心翼翼地把画纸抚平，再贴上胶布，贴完了还一个个地仔细检查一遍。

我们常常调侃现在的孩子不知道合作分享，不会团结互助，自私任性、懒惰消极等等，其实原因不在孩子，而在于成人的教育方式。在游戏中孩子们团结友爱、互帮互助、合作分享、主动劳动随处可见，自然而然，这些反差值得我们深思。

活动室里孩子们紧张地忙碌着，快乐有序、专注而自信。此时的教师并非无所事事，相机成了教师观察的"好帮手"，许多精彩瞬间被相机定格，珍贵地保存下来。

孩子们那份投入与专注给了我很大的震感，我突然感到这才是孩子真正的学习、感兴趣的学习。强调多年的教学有效性在这里得到了答案。

图2-104

图2-105

"老师,这是我设计的口味宣传单,我要和它合个影。"宏远一脸的得意。

"瞧,这是我们做的鞭炮,好看吧。"可欣指着刚挂上去的大鞭炮,一脸的开心。

图2-106

图2-107

"这里也要贴一个方向标志,客人可以坐这边位子。"韩韩指着他设计的标志说。

"把机器人搬过来。"不知谁提议的,可爱的机器人张开双臂,笑容可掬地站在了前面。

"冰淇淋店欢迎您!"几个孩子兴奋地叫起来。

我也一直沉浸在孩子们成功的喜悦中,直到回去看照片时才发现"您"字的"点"贴错了。第二天我悄悄地把"您"字改了过来。

图2-108

图2-109

当孩子出现错误时教师要及时纠正,当时选择"悄悄地改过来"的方式是出于保护孩子的自尊心。

一次大挑战

"老师，卷纸筒不够了。"教室里传来了铭铭的声音，我赶紧走了进去。

"红色纸也不够了。"看到我，几个孩子也争着说。

没有原料了，孩子们只好停下手头上的工作。

"没有卷纸筒和彩色纸怎么办？"我抛出了新问题。

"可以到其他班借。"不少孩子异口同声地说。（也许孩子们看到平时教师是这么做的）

图2-110

"嗯，向别人借要怎么说呢？"

孩子们从来没有走出"班级"这个集体，从未离开教师的"呵护"，向陌生人借东西，这对他们可是一次大挑战。不过这也是培养孩子沟通能力，提高孩子社会交往能力的好机会，我决定放手让孩子们试一试。

图2-111

"老师，借我一张红色即时贴好吗？"洋洋有礼貌地示范着。

"要说你是哪个班的，"子怡站起来，手比画着三，接过话说，"老师，我是大三班的小朋友，请问你们班有红色即时贴吗？""如果有，就说谢谢您！如果没有，可以说我去问问其他老师，谢谢！"子怡考虑得真周到。

图2-112

71

"谁去借？"我的眼光投向大家。许多孩子看着我都不做声了。

看来要迈出这一步，还缺乏一些胆量。

"老师，我去。"还是子怡自告奋勇。

"注意礼貌！"我站在门边不放心地叮嘱了一句。

孩子们安静地坐着，期待着……

图2-113

"老师，我借来了。"没到一分钟，子怡飞奔回来，手里高举着红色即时贴，兴奋得声音都变了。

看着子怡果真借来了红色即时贴，有几个孩子胆子大了起来。

"老师我去借卷纸筒。"

"我也去，我也去。"孩子们纷纷举起手来。

图2-114

图2-115

"好的，你们都去。"

为了增加孩子们的胆量，我请孩子们自己组合，两人一组，并约定好谁去哪个班借。

孩子们自信满满，手牵着手，准备出发啦！

"老师，您有卷纸筒吗？"涵涵大方地问大一班的张老师。

案例

图2-116

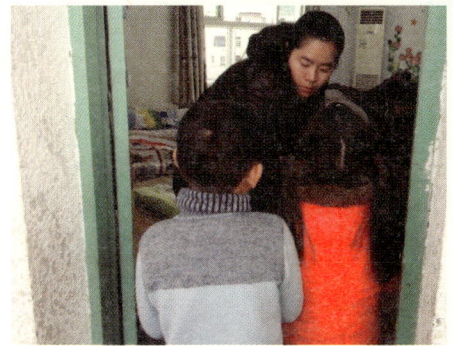

图2-117

"老师,我们是大三班的小朋友,请问您有卷纸筒吗?"到中二班的彤彤敲开了门,平时腼腆的她今天却显得格外大方。

"我们要做鞭炮。"胆小的阿烨扶着门框怯生生地补充道,声音很小很小。

"有。"中二班的徐老师拿出了一个用了一半的卷纸。孩子们期待地看着。

"哎呀,太紧了,纸筒抽不出来。"徐老师没法将纸筒与纸分离开。

图2-118

图2-119

图2-120

73

"再试试。"彤彤一副认真的样子。

徐老师再试了试,还是不成功,无奈地把卷纸递给了我。

"的确很难弄出来。"我费了很大劲,试了又试后,抱歉地对两个孩子说。

"老师,您纸张用完后纸筒留给我们。"彤彤不愿放弃。

"我们是大三班的。"生怕老师忘记,阿烨补充了一句,声音大了些。

彤彤和阿烨又去了中一班,正好中一班的生活老师留着不少卷纸筒,有了大收获,两个孩子紧绷的脸笑了。

"老师,我们要来了卷纸筒。"子怡和阿轩兴奋地跑来报喜。

"我们都借到了卷纸筒!"孩子们高举着卷纸筒十分高兴。

图2-121

图2-122

"还有人可以借。"阿政突然冒出一句。

"对,还有办公室的老师。"

"还有保安叔叔。"

"还有园长。"

……

孩子们七嘴八舌。

"老师,我们再去借一些。"阿政说完,拉起彤彤就跑。

"保安叔叔,您有卷纸筒吗?"

图2-123

"邓老师,您有卷纸筒吗?我们要做鞭炮。"两个孩子拦下了要外出办事的邓老师。(邓老师在我班代过课,孩子们认识)

"老师现在没有,以后给你们留着。"看着孩子渴望的眼神,邓老师说她真不忍心说没有。

图2-124

"看,那里有个阿姨,我们去问问。"

"我们不认识她。"

"她有也没这么快拿来啊。"

阿政和彤彤一直跟在那位家长的后面,始终犹豫不决。

眼看那位家长要走远,两个孩子终于下了决心,飞快地追了上去。

"阿姨,您有卷纸筒吗?"

"没有。"

"没关系,你以后有就送给我们。"

图2-125

图2-126

图2-127

两个孩子没有失望,继续寻找下一个机会。

又有一个家长走来,这一次两个小家伙大胆地迎了上去。

……

"食堂有人。"三个孩子趴在食堂的玻璃窗外往里看。

刘灿轻轻地敲打着玻璃,也许是心里有些害怕,他敲得非常轻,里面忙碌的厨师根本没听到。

"阿姨,您有卷纸筒吗?"刘灿终于鼓起勇气拉开了食堂的玻璃窗。

……

图2-128

图2-129

"老师,您有卷纸筒吗?"

看到两位老师走过来,孩子们马上迎了上去。

"现在没有,以后有留给你们。"两位老师许诺着,生怕打击了孩子们的积极性。

"谢谢老师!"礼貌的彤彤还深深地鞠了一个躬。

图2-130

案 例

向他人要卷纸筒，对孩子来说的确是一次大挑战。开始不少孩子都表现出胆怯、犹豫、退缩，后来慢慢地尝试，小心翼翼、紧紧跟随、小声说，再到后面大胆追过去，大方地表达，孩子们不断努力，克服困难，终于要到了卷纸筒。那份成功的喜悦及心路的历程一定深深地印在孩子们的心里，成为孩子宝贵的财富。而教师的鼓励、信任与等待也是一种无形的力量。

"这里有人吗？"三个伙伴朝一个开着的办公室探着头。

"原来是马老师的办公室。"子怡高兴地叫起来（因为马老师她认识）。

"马老师，您有卷纸筒吗？"三个伙伴异口同声地问。

"正好有一个。"

孩子们有了收获，继续前进。

"楼上还有办公室。"这些孩子不知哪来的勇气，登上了楼梯。

图2-131

这里孩子们可从来没来过，想不到孩子们越战越勇，别小看孩子们的潜能哦。

"园长办公室在这儿。"第一个到的子怡发现新大陆似的，兴奋地叫起来。

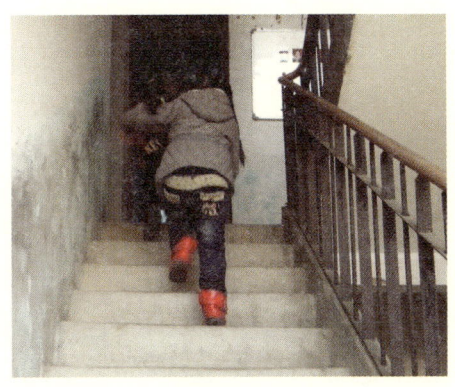

图2-132

图2-133

77

图2-134

图2-135

了解了孩子们的来意，园长很快拿出了三个卷纸筒。

"正好有三个。"

孩子们满载而归，连声道谢。

回来的路上又碰上一位家长，孩子们可不放过这个机会。

"阿姨，您家里有卷纸筒吗？如果有，明天带给我们，我们是大三班的。"彤彤有礼貌地拦住阿姨，表达得非常有条理和完整。

"好的，我一定给你们留着。"家长爽快地答应了。

这是一次艰难的挑战之旅，孩子们成功啦！

寻找、求助、讨要卷纸筒，孩子学习着交往和表达，练习着胆量和机智。

冰淇淋店大升级

经过孩子们几天的忙碌，冰淇淋店升级啦！

"我们是一对可爱的招财猫，嘻嘻！"

"客人来了。"

"欢迎光临，这边请。"

案例

图2-136

图2-137

"这是我们的点餐单。"
"请问你要吃什么口味的？"子怡最热衷于她的点餐员工作。
"三杯巧克力味的。"
子怡认真地记录着。

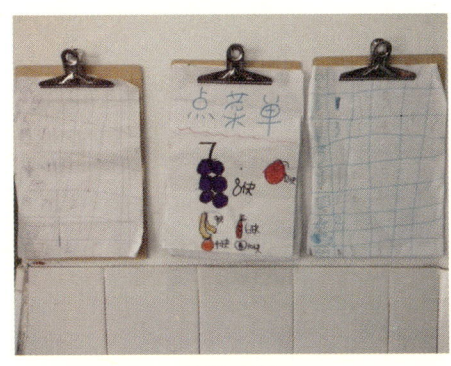
图2-138

图2-139

"有新口味的吗？"
"什么口味都有。"子怡总是那么热情，弯下腰，向客人详细介绍起来。
"请问，你们要点什么？"虽然是第一次拿起点餐单，但韩韩很快进入角色，特别有礼貌。
"我要苹果味。""草莓味。""菠萝味。"三个孩子争先恐后地说。
"好的，各位请稍等，冰淇淋马上就到。"韩韩一一记下，转身走进柜台间，报餐去了。

79

图2-140

图2-141

我们常常提醒孩子要使用礼貌用语,其实在真实的游戏情境中孩子们的礼貌用语脱口而出,根本无需提醒,这便是教育情境的魅力。

桌子移到外面,里面的空间顿时宽敞了许多,一切井然有序。

"一共三十。"子标掏出"钱"数了起来。

"老板,六号桌冰淇淋好了吗?"送餐员宇轩举着盘子问。

"一号桌要两杯西瓜味的冰淇淋。"送餐的泽轩也跑了进来。

"好嘞,马上就好。"老板不慌不忙地应允着。

图2-142

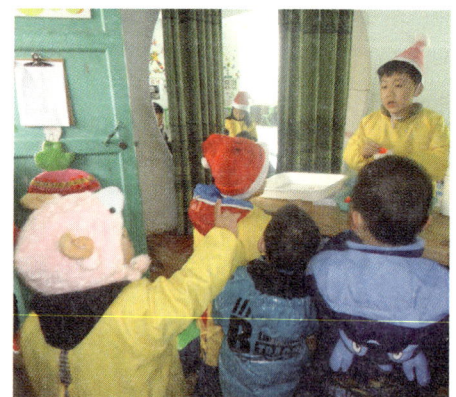

图2-143

咦,这几个小家伙在干什么?神神秘秘的。

"冰淇淋还没上,我们看会儿电视。"原来孩子自个找乐子呢。

案例

图2-144

图2-145

这一群小客人竟然玩起了扑克。

这既是对生活的模仿,又是孩子独特的等待方式,文明而有序。

"地板有些脏了,我扫一扫。"送餐员泽轩闲着没事,变换了角色。

图2-146

图2-147

"记住我们是第一桌。"豆豆和晨晨不时看看桌牌,生怕被忘了。

阿月则一直转头看着冰淇淋店入口,真是望眼欲穿啊。

"点餐员,我们的冰淇淋好了没有?"看到韩韩走过来,豆豆忍不住站起身问。

"我催一下。"韩韩负责任地再次走进柜台间……

81

幼儿区角活动

图2-148

图2-149

"噢，里面已经没有位子了，你们就在这里排队吧。"

三个孩子耐心地坐在等候椅上看着书，一副悠闲的样子。

游戏让孩子们学会了等待，变得有耐心了。

"新鲜的冰淇淋来啦！"涵涵和子怡开心地端着一盒冰淇淋走了出来。

图2-150

图2-151

"我们的，我们的。"打扑克的孩子们兴奋地接过冰淇淋津津有味地吃起来。

"来了！四号桌冰淇淋！"送餐员可欣人随声到。

"这里！这里！"四号桌的孩子看来也等不及了，激动地跑了过来。

82

案例

图2-152

图2-153

"别急,别急,每个人都有。"可欣稳住了局面,把冰淇淋一一分了下去。

"这是你要的草莓味的。"

"这是你们俩的,蓝莓味和葡萄味。"

我真惊讶,有哪些口味,分别谁点的,孩子是怎样记住的?孩子们的智慧和潜能令我惊叹!

图2-154

图2-155

"第一桌的冰淇淋!"可欣提高了嗓音。

"太好了,"第一桌的客人激动得连声说,"谢谢!谢谢!"

"第二桌的冰淇淋也好了。"宇轩兴冲冲地端着两杯冰淇淋走到第二桌。

"我的呢?"铭铭看着同桌的小朋友都有,不高兴地嚷嚷起来。

图2-156

图2-157

"别急，马上就好了。"招财猫可欣听到了走过来安慰他。

孩子们真是细心，并学会了关心人。在这种自主的游戏中不断呈现的教育契机和孩子们的成长是可遇不可求的，更是集中教学活动无法模拟的。我进一步理解了游戏的价值。

"味道太好啦，还可以要一杯吗？"黄鸣镝似乎沉醉在美味中，礼貌地向送餐员又要了一杯。

图2-158

图2-159

看到生活老师提着午饭上来，我才发觉游戏竟然持续了一个上午，我的肚子真有些饿了。

"老师，帮我们和机器人留个影吧。"

每次要结束游戏，孩子们都是依依不舍的。

"明天再来。"孩子们边收拾，边看着我说。我夸张地点着头。

教师一如既往的支持，让孩子们放心，他们是活动真正的主人，精彩明天再续。

孩子们有的抬桌子，有的搬椅子，有的收拾服装道具，大家一起动手，快乐洋溢在孩子们的脸上。

图2-160

图2-161

图2-162

图2-163

"我来帮你解开。"韩韩真是能干。

"我也来帮你。"

眼前出现了一个有趣的队伍,又一个令我难忘的画面。

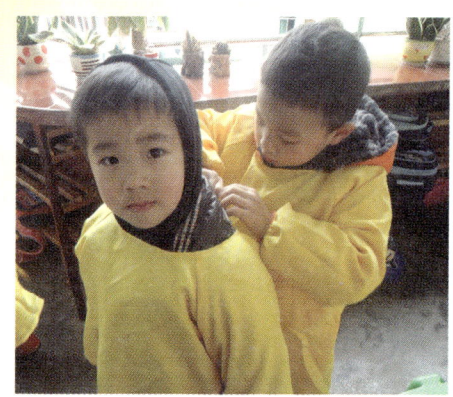

图2-164　　　　　　　　　　图2-165

"这个打结了。"可欣和阿烨配合着还是解不开。

"我来。"韩韩动作熟练,但是解了好一会儿还是没解开。看孩子们憋着劲坚持着、努力着……我默默地退到一边。

"服装和帽子要收好。"

女孩就是细心,她们把服装和帽子小心翼翼地装好,很是珍惜。

快乐地游戏,孩子们快乐地成长着,我也时刻揣着相机,幸福地分享着一次又一次的感动与发现。

图2-166　　　　　　　　　　图2-167

结语

幼儿在区角活动过程中往往会自发地产生游戏主题，这是一个极好的教育契机，教师要善于发现幼儿感兴趣的事物和偶发事件中所隐含的教育价值，把握教育的契机，支持、参与、追踪、推进、顺应幼儿自主快乐的游戏，从中理解、感悟游戏真谛。

在观察中或许我们不能完全读懂幼儿，但我们可以无限接近幼儿，只要我们信任、支持幼儿，给幼儿适时的引导，幼儿的游戏活动就能够不断深入，充满快乐，富有创意，不断提高。

玩具是无字"教材"，游戏是最佳"教学"。什么是真正的游戏？孩子们自发产生的，自己策划的，自主进行的才是真正的游戏，幼儿只有在自主游戏中才能最真实地展示自己。

在区角活动中教师从注重"动手操作"到注重"自主游戏"，这是一个质的飞跃，也可以说是区角活动的最高境界。实践证明区角小天地是幼儿的大舞台，让幼儿做游戏学习的主人，幼儿就能获得全方位的更大的发展。

儿童游戏的价值与指导

——幼儿自主游戏《建构区里的叫卖声》活动后记

《建构区里的叫卖声》是一个幼儿在区角游戏中偶发的游戏行为所引发的系列自主游戏活动。从简单的想象游戏"叫卖冰淇淋"到"冰淇淋店雏形"，再到后来的"冰淇淋店升级"，整个游戏的过程既是孩子们不断探索、想象、创造的过程，也是教师支持、参与、推动的过程；既是一次幼儿自发自主的快乐游戏历程，也是教师发现、理解、感悟游戏真谛的专业成长历程。教师在追踪和推进游戏中，对幼儿游戏有了较深的

理解和感悟，在此与大家分享。

什么是儿童真正的游戏

从 1989 年国家颁发《幼儿园工作规程（试行）》到《幼儿园教育指导纲要》再到 2012 年颁布的《3~6 岁儿童学习与发展指南》都在强调"游戏是儿童的基本活动"，但什么是儿童真正的游戏却始终困扰着一线教师。

1. 理解游戏的本质

游戏从本质上说是指由幼儿自主控制的，能带来愉悦情绪体验的，有操作材料的活动，其中自主控制是游戏最内在本质。具体地说：游戏是儿童主动、自愿的自主性活动，这种活动全部来自儿童内在的动机，来自儿童的兴趣与自由度。游戏是自由的，但又有潜在的规则约束，其规则来自游戏的需要，幼儿会自愿、自觉地遵守规则，不需成人规定和监督。

游戏是儿童的天性，是儿童快乐的情感体验活动，这种体验基于幼儿对事物已有的认知和技能的练习，其活动方式由幼儿自己决定，游戏的难度与幼儿的能力相匹配，幼儿富有胜任感和成功感，儿童乐此不疲，情绪愉悦。

游戏是儿童再现生活的创造性活动。这种创造来自儿童的想象与虚构，幼儿在假想的情景中反映周围的生活。游戏源于现实，但不是生活的翻版，而是生活的再创造。幼儿在游戏中以真实的情感体验生活，用假想和操作材料创造现实。

总之，自主、愉悦、想象与创造即是幼儿游戏的本质，这些在本次游戏中体现得淋漓尽致，随处可见。

2. 游戏促进幼儿全面学习、全面发展

许多教师会担心游戏占用幼儿的时间太多，会影响幼儿的全面学习。其实当你真正去观察幼儿游戏，你会发现幼儿在游戏中学习更主动、更感兴趣，获得的发展也更全面，而这在领域教学中是很难完成的。

如叫卖中、交流中幼儿语言的发展；准备和设计游戏材料中幼儿想象力、创造力、动手能力的发展；发现问题、解决问题中幼儿科学探索能力、社会交往能力的发展；互帮互助、收拾材料、整理场地中幼儿团结友爱、热爱劳动、乐于助人的良好行为品质和有序感的建立等等。可以说幼儿在游戏中的发展涵盖了健康、社会、语言、科学、艺术等方方面面，其中还包括生活经验的迁移，主动的探索与大胆的创造，以及幼儿自信心、胜任感、成功感的体验等等隐性的发展。游戏的价值是多元的，游戏给了幼儿学习与实践的舞台，幼儿学到很多，也做得更好。而我们对游戏担心是因为我们没有真正走进幼儿游戏，没有真正认识游戏、理解游戏。

3. 游戏能促进每个孩子发展

游戏中只要给孩子宽松的环境，自主和自由，每个孩子都能找到自己的位置，都能在已有的基础上获得相应的发展。在这个游戏中，大家会发现每个孩子都积极地参与其中，非常的有序。有时当老板，有时当员工，有时当顾客，有时又是自由人。每个人都能在游戏中找到自己的角色。如叶丙轩小朋友没带剪刀，他便帮好朋友拿剪下来的纸片，这也是一种参与和工作。还有李俊哲小朋友在设计产品时兴奋地走来走去，其实他在观察和发现。而在餐桌边等待的孩子，他们玩电脑、打扑克，看似无所事事，但其实是孩子对生活的模仿，同时也是孩子独特的，有序的等待方式。

所以，真正的游戏是能促进每个孩子发展的，教师要坚信这一点，用你的教育智慧去引导、去发现、去支持、去提升。

游戏中教师的定位

《纲要》强调：教师在教育过程中应成为幼儿学习活动的支持者、合作者、引导者。在幼儿自主、自由的游戏中，教师更应该淡化"教"的职能，对幼儿少一些约束，少一些控制，应当潜下心来，观察幼儿、解读幼儿，为幼儿创设一个宽松的心理环境、物质环境，留给幼儿足够的空间和时间，"让幼儿真正成为活动的主人"。

追踪幼儿游戏的始终,让我深刻体会到指导好幼儿的游戏其实不难,关键是教师在游戏中要准确定位,做到以下几个方面:

1. 顺应幼儿

尊重、信任、肯定幼儿,多放手,少约束。允许幼儿自由地表达、表现和交往。不管幼儿有什么建议、表现和需求,首先肯定他、支持他、鼓励他,从主导者变为幼儿游戏的追随者,在幼儿需要时,及时、适宜、适度地介入,隐性地指导。只有这样,教师才能发现孩子的一百种语言、孩子的无限潜能、孩子的闪光点和智慧。可以说顺应幼儿是游戏指导的第一步。如:本游戏中孩子以玩具颜色想象不同的口味,教师给予肯定即是一种对游戏的支持。孩子点餐记录方式,那是孩子的一百种语言。在讨论装饰冰淇淋店中,孩子所有的设想都得到了教师的肯定,并在材料上给予支持。当孩子有困难时,教师自然地介入。"好的,我也要一杯草莓口味的",听到孩子的邀请,教师便也当起顾客,挤到柜台前。当孩子提议把广告牌挂到冰淇淋店大门上时,"马上",教师积极响应,把漂亮的广告牌固定到门口最醒目的位置等等。可以说没有教师的顺应,也就没有冰淇淋店游戏持续的精彩和推进。

2. 学会等待

游戏是幼儿自己的活动,有着幼儿独特的活动方式和节奏。教师要静下心来,留心观察,耐心等待,不要随意介入和打断幼儿的游戏。学会等待是对孩子的一种信任,是留给孩子一个自由发展的平台,是给孩子支持的无形力量,是发现孩子闪光点和潜质的有利契机。如:游戏中几个孩子提出"蓝莓味是暗蓝色的"。这可难住了老板,因为这盘玩具恰巧没有蓝色的。我在一旁默默地看着,等待中我发现孩子们真的很聪明,孩子有自己解决问题的方式。再如子怡教涵涵记录这件事,当时教师担心孩子会发生争执,但等待却收获了更大的感动。要是教师提前武断地提醒孩子,误会孩子的话,不仅伤害了孩子,也不会发现孩子可贵的品质了。还有要"卷纸筒"的过程,对孩子们的确是一次莫大的挑战,不仅要学会如何礼貌清楚地表达,还要克服内心的胆怯,去尝试,去挑战面对不同的人。当时教师一直跟随在背后,不断地鼓励,耐心地等待,不给孩子任何压力，当孩子们自己跨过心理的坎，取得成功时，那份体验与自豪感是深刻的、幸福的。冰淇淋店游戏里孩子们前后忙乎了两个多星期，直至放寒假。教师除了快乐地参与、全力地支持，更多的是默默地等待，欣赏孩子们的游戏从量变到质变的全过程。

3. 潜心观察

教师并不是幼儿游戏的局外人，在幼儿游戏中，教师要潜心观察，及时发现孩子的闪光点，观察、分析幼儿的能力水平，强化同伴间的互助。如做"鞭炮"这一环节，吴静红纸剪得总是包不住纸筒，来求助教师，但教师已经在观察中发现不少孩子有自己的好办法，便让吴静去问他们，这样既避免教师不必要的"教"，又增强幼儿同伴间的互助与学习。还有孩子们在游戏中出现的互助友爱、主动收拾整理、文明礼貌、学会等待、有序排队等良好行为教师都及时地捕捉镜头，回放给孩子们看，表扬孩子们的良好表现，使他们的优秀品质得到巩固。

此外，观察是为了帮助教师准确地了解幼儿的能力水平，以利于进一步提出指导策略，以促进幼儿更大的发展。如第一次游戏中，教师发现孩子会5-1，10-1，2元的半价是1元，那么孩子会5-2，5-3吗？如果价格是4，半价是几呢？有了这些思考，教师第二次主动参与，"请问不同口味的冰淇淋价格一样吗"，于是引发了孩子制作价格表的活动，不同的口味价格不同，并且连半价也准确地标出来了。原本教师计划就买卖环节中出现的10以内加减计算问题，组织一次集中活动，但通过继续观察，发现每个参与其中的孩子都能准确计算需要付的钱和找回的钱，10以内的加减运算孩子已经掌握。

4. 巧妙参与

教师的参与是维持游戏、深化游戏的保鲜剂和推进剂。游戏中教师和幼儿是平等的，教师要用欣赏的、友爱的眼光看待孩子，平等自然地参与到游戏中，和孩子一起分享每一个惊喜与感动，成为孩子忠实的玩伴。如：游戏中教师有时也当顾客，点一杯冰淇淋，细细品尝；有时也提出建议和问题，"老板，我想坐着吃，有桌子吗？""人太多了怎么办？"；有时又故意做一些夸张的动作，如表演招财猫逗得孩子们哈哈大笑来调

91

节气氛,让孩子感到轻松快乐;有时又悄悄退出,关注群体,真正做到游刃有余。

5.还原本质

游戏的本质就是幼儿自主自由地想象、表达、表现和创造,因此在游戏中,教师一定要注意放手,还原游戏的本质,不可过多地追求结果和过度帮助,要把游戏还给孩子。比如:幼儿作品的展示问题。作品是幼儿游戏的探索和心理情感的表现,只要展示自然美,童真童趣,幼儿力所能及地完成即可,不要本末倒置,为了追求美观,加大难度,使孩子失去信心,同时教师帮得太多,也失去童真,失去儿童游戏的本质。再如:第一次装饰冰淇淋店,孩子们画了冰淇淋、花、还有禁止吸烟标志、送餐电话等等,把门口里里外外都贴满了,尽管色彩单一、美工粗糙、贴得也歪歪扭扭,但却是孩子们童真、稚气的手笔,它体现的是孩子的内心世界和游戏的创意,是最真实、最快乐、最自信的游戏体验。如果教师过度强调美观的话,可能许多孩子会从积极的参与者变成无聊的旁观者,幼儿自主的游戏即可能变成教师一厢情愿的教学和教师主导的"戏"了。

同样在设计冰淇淋口味墙这件事上,有教师建议加上底色和花边,各种口味用色彩不同的不织布来制作,精致美观。如果那样,的确更具艺术性和美感,但可能就不是孩子可以独立完成的,不再是孩子童真童趣的东西了。实际上那天孩子们想象、设计、粘贴、展示一气呵成,相互协作得非常好,展示墙自然朴实,花的时间也少。孩子追求的更多是感性的东西,在乎的是游戏的体验,而不是外在的表现。这种作品墙是属于孩子的,是可以与孩子对话的。"看,这是我设计的""我们的冰淇淋口味真多呀""我喜欢阳桃口味的冰淇淋",放学时孩子们还拉着家长的手,兴奋地向家长介绍……

还原本质,也给教师减负,让教师有更多的时间和精力去关注幼儿、解读幼儿、服务幼儿,而不再被低效的、表面的、成人化的工作所束缚。

值得一提的是:当幼儿在游戏中出现因经验不足、科学认知偏差、艺术表现能力不足等问题使游戏无法继续进行时,教师要及时地引导和帮助，有时也可以通过集中教学或小组指导的形式进行，以使游戏顺利进行下去，同时不断提升幼儿的能力水平。如在装饰冰淇淋店和设计口味墙方面，孩子的表现还是比较粗糙的，在孩子满足了感性的游戏体验之后，教师可以组织孩子一起欣赏一些门店的装饰风格、色彩的运用、广告的设计、招牌的创意等等，把孩子从感性引向理性，激发孩子更大的兴趣和创作热情，给孩子更大的创作空间和时间，一如既往地支持孩子，顺应孩子，使孩子在一次次大胆的尝试中获得更深层次的发展。

还给孩子快乐的童年，还给孩子游戏的权利，还原游戏自主、自由、创造、愉悦的本质，做一名快乐而睿智的幼儿教师，这是我追随孩子游戏的最大收获。

实 例

益智区 ••••••

串珠珠、拼图案、挑小棒、下棋……幼儿多么乐意投入这类有趣的活动啊！在他们的手里，一把牙签、一盘珠珠、几颗石子、几枚螺丝、几个瓶盖经过拼、摆、旋、串等操作，能变化无穷、妙趣横生。事实上，正是这类平时看似不起眼的小活动，开发着幼儿的潜能，启迪着他们的智慧。正如皮亚杰所指出："儿童的智慧源于操作。"儿童在手脑并用的活动中心智得到很好的发展，触觉、视觉、听觉以及手眼协调能力得到很好的提升，真可谓手巧心灵。

图3-1

操作

● 挑小棒：提供细竹棒、麦秆、塑料棒等，幼儿将小棒一把抓起，撒在桌面上，然后用一根棒子轻轻挑起撒在面上的小棒并捡起。此玩法的规则是挑起时不能碰动其他小棒。若在挑的过程中碰动了其他小棒则视为犯规，轮到另一名幼儿挑小棒。由于小棒横七竖八地交错在一起，幼儿必须寻找最上面的一根，并小心地挑，这可以培养幼儿的细心和耐心。

● 摆小棒：将易拉罐倒放在桌上，让幼儿在罐上摆放小棒，不滑落为胜，看谁放得多。

● 纽扣拼摆：提供各种颜色的纽扣，让幼儿自由拼摆各种图案。

● 图形拼摆：提供各种形状的木块、竹棒、麦秆、火柴、塑料棒等，让幼儿拼摆各种图案。

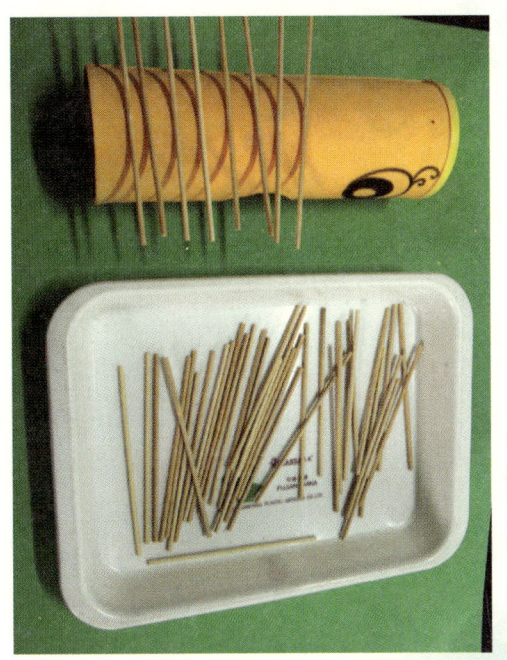

图3-2

图3-3

● 动物拼摆：可将动物图形按几何形状进行分解，剪成卡片，让幼儿拼摆出各种动态姿势（如图3-4）。

图3-4

● 拼图：将完整的图剪成若干小块，打乱顺序，让幼儿拼回原图。提供的图可以是有图案的包装盒，也可以是废旧的图书、画报等。

● 嵌石子：在纸盒盖上挖出大小不一的孔，让幼儿根据孔的大小，选择相应的石子嵌在孔中，或镶嵌进盒里。

● 开锁、关锁：提供一把挂锁和一把钥匙，让幼儿学习开锁、关锁。待幼儿学会后可提供一些不同形状、不同大小的挂锁，让幼儿学习配对开锁。如果有难度，可分别在配套的锁和钥匙上贴上相同数目的数字或相同的几何图形，让幼儿一一配对。为提高幼儿活动兴趣还可提供带锁的盒子，里面装进小礼物，让幼儿进行开锁比赛，比一比谁开锁最快、拿到盒里的礼物最多。此外，还可提供门锁、密码锁、古代锁和现代高科技的指纹锁等让幼儿练习开锁、关锁，拓展幼儿视野。

● 旋螺丝：提供各种大小不一、零散的螺丝和螺母，让幼儿配对旋上。为增加趣味性，可制作各种模板零件，让幼儿用螺丝拼装。如：用卡纸剪出车身、车轮，在车轮及车轴的位置打孔，让幼儿用螺丝、螺帽将车轮固定在车上，活动的轮子还能在桌面上"开动"。

● 七巧板：取厚纸板按图画线，切割成七块不同形状的七巧拼板，让幼儿发挥想象拼摆出各种图案（如图3-5）。

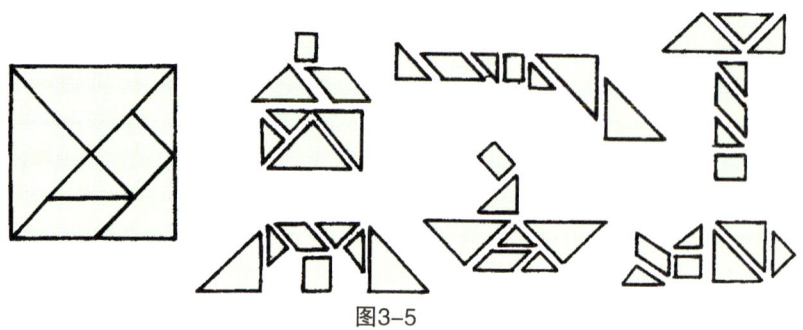

图3-5

● 俄罗斯方块：用方形厚纸板或厚的不织布切割成各种几何图形，让幼儿拼回完整的方块。

● 串珠：提供算盘珠、门帘珠、木珠、塑料珠等多种珠，让幼儿分类装进小瓶，还可以根据珠的颜色、大小、形状按一定的规律排序串珠。若用细铁线串芦珠等小粒珠珠，还可弯折成各种造型（如图3-7）。

图3-6

图3-7

● 弹豆：在桌面的一头画一个圈，将若干蚕豆分散放在圈内；在桌面的另一头画一道线，幼儿将一颗蚕豆放在线上，瞄准对面圈内的蚕豆，用手指弹出。弹中的蚕豆归其所有，弹不中则轮下一位幼儿弹，得豆多者为胜。

图3-8

● 顶纸：两人各拿一根筷子或铅笔，用筷子或铅笔的一头共同顶在明信片正反两面的同一个点上，将明信片夹住并移位。

● 顶纸板：提供铅笔、小瓶子、积木等材料，将它们立起，顶上平稳地放上纸板，比一比哪种材料顶纸板更容易，为什么？（如图3-8）。

●快速抓握：一人坐，一人站，坐着的人手握空拳，站着的人要尽量将火柴棒或小石子投入空拳中，坐着的人要快速地抓握投下的东西，抓住为胜，落地为输。

●"小鸡"吃豆：桌上放一小盒豆，幼儿将两手手指交叉握住，伸出食指作"鸡嘴"，两手食指一起夹住一粒豆，轻轻向上一抛，同时迅速将大拇指、食指和手心打开，接住下落的豆，接住算"吃"到豆，没有接住算输，轮他人进行。谁"吃"到的豆多，谁为胜。

●软线造形：提供可自由弯曲的彩色电线或铝芯电线、毛根等让幼儿弯曲成各种图案，还可适当地提供一些参考图，让幼儿看图操作。

图3-9

图3-10

●翻绳：把一条线的两端打结后套在手指上，通过钩、挑、翻、转，变化出各种花样（如图3-11）。

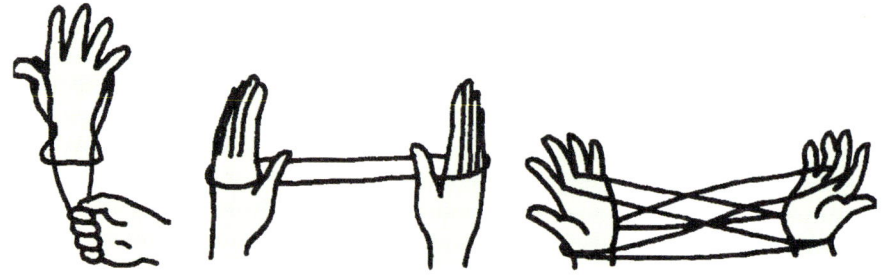
图3-11

- 蜘蛛织网：取四根小棍摆成如图 3-12 所示图案，中心用透明胶或铁丝固定，用毛线在棍上织网。
- 爱心圈：铁线弯曲成爱心圈，然后用彩色绳子在铁线圈上编织。

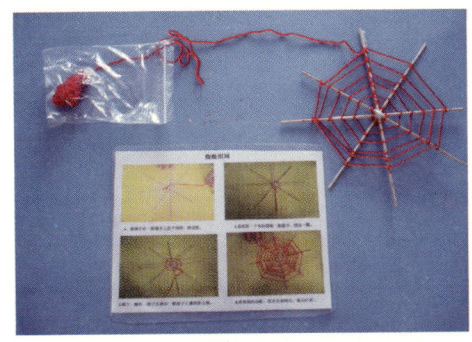

图3-12

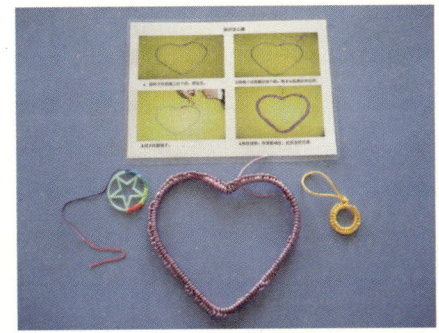

图3-13

- 圆形编织：卡纸剪成圆形带齿状，用毛线在卡纸的小齿上有规律地绕编。
- 线板编织：将方形塑料板上下两边如图 3-15 剪出缺口，绕上经线，然后在经线上左右穿梭编织，织好后将缠绕在塑料板上的经线剪下即可。

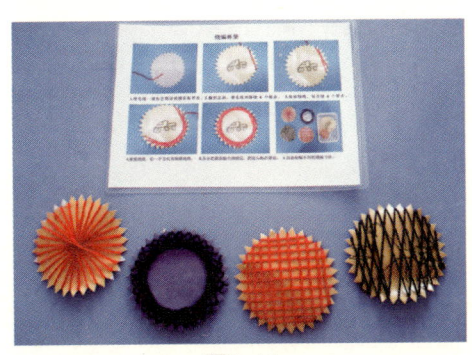

图3-14

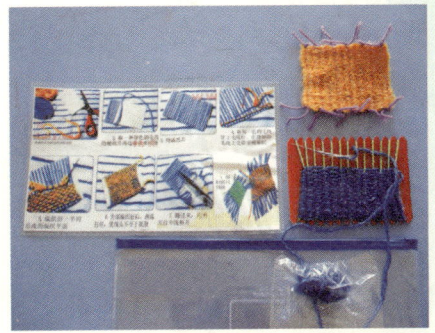

图3-15

- 叠叠高：用易拉罐、积木、瓶盖、棋子、盒子等物叠高，或叠出花样。
- 转莲花：将乒乓球对半剪开，在半圆边沿剪出齿状，或平均剪成 4~6 瓣；取一瓣或两三瓣，沾一下水放到塑料垫板上；倾斜垫板，"莲花"

会快速旋转起来。操作时要控制好垫板的倾斜角度，不要让"莲花"掉下。

● 抛接小沙包：做五个边长约为3厘米的小沙包撒在桌面上，一手先拿起一个往上抛，在抛出沙包的同时捡起桌上的另一个沙包，马上去接抛出的沙包，接到后将桌上捡起的沙包放在一边。抓在手里的沙包又往上抛，如此一个一个地抛、捡、接，直到抓完为止。如果当中有一次接不到或抓不到沙包，则换另一位抛。

图3-16

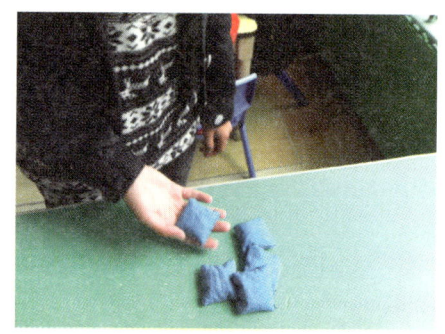

图3-17

图3-18

● "逗乐小人"：提供哭或笑的"逗乐小人"（如图3-18）。将"逗乐小人"的"腿部"镂空（直径约2厘米），将食指和中指穿入镂空的洞内。由于两指酷似人的两腿，随着两指的运动，"逗乐小人"会"踢脚"，会"走路"，其滑稽形象会逗笑爱哭闹的幼儿。

● 翻贝壳：提供洗净的小贝壳，让幼儿猜拳决定先后。先翻者抓起一把贝壳撒在桌上，然后将口朝上的贝壳用食指在贝壳边缘处轻轻一按，如果能使它翻过来口朝下，即可放在自己面前。如果翻不过来或翻到地上都得换别人进行。依次轮换，翻得最多者为胜。

图3-19

●迷宫系列：走迷宫是幼儿喜欢的游戏，如何由易到难，循序渐进地提供不同的迷宫吸引幼儿不断参与？下面介绍一组迷宫，教师也可以与幼儿一道设计出更多更有趣的迷宫。

1. 用废旧的彩色笔套粘在盒底做迷宫（如图3-20）。

2. 用磁铁制作磁性迷宫（如图3-21）。

图3-20

图3-21

3. 迷宫底做成夹层，在底板的适当位置剪一些比玻璃珠大一点的洞，做成地洞迷宫，增加走迷宫的难度（如图3-22）。

4. 用容易造成视觉失误的花底衬做地洞迷宫，增加难度（如图3-23）。

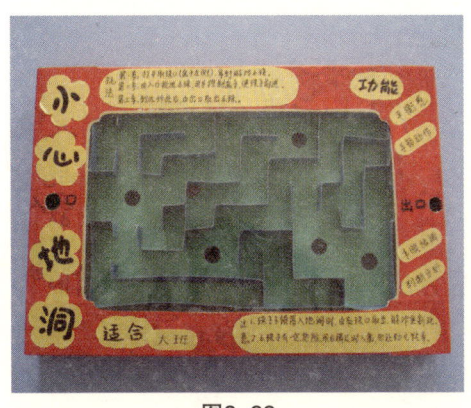
图3-22

图3-23

5. 用地塑板画迷宫格，格子线上割一些可以插板的缝，让幼儿插上隔板，自行设计迷宫走向（如图3-24）。

图3-24

图3-25

图3-26

6. 让幼儿用工字钉在方格的角上钉牢，再用橡皮筋拉出迷宫线路（如图3-25）。

7. 用扎包装箱的带子，侧面立起来，从里到外一圈一圈用线固定在竹筛上，每一圈相对的地方留下一个入口，让滚珠进入里圈，幼儿两人一起协调地将珠珠滚进竹筛中心（如图3-26）。

感官

● 触觉箱：在较大的纸盒上方挖个洞，洞的大小以幼儿小手能伸入为宜，把幼儿熟悉的物品（如几何积木、水果等）装入箱中，让幼儿通过手的触摸感知盒内的物品，并说出物品名称，或说出物品是什么形状的、是硬的还是软的、是光滑的还是粗糙的。

● 触觉板：准备粗糙和光滑、软和硬、大和小、粗和细不同的东西缝或粘在三块大小相同的不织布上，做成触觉板，幼儿可先通过视觉进行对比感知，然后戴上眼罩，用手触摸进行比较，并说出它们的特征。

● 选"宝石"：精选各种光滑程度不同的石子，让幼儿通过触摸进行比较，并从粗糙到光滑依次排列，把最光滑的一颗选为"宝石"。

● 闻香瓶：将药棉沾上各种香精或无毒有气味的东西，如香水、酸醋等，放入小瓶，制成闻香瓶，每种味道两瓶，让幼儿旋开瓶盖闻香辨味并配对，看哪两瓶是一样的。

● 听觉盒：将不同硬度的东西放进铁盒里，摇动铁盒，让幼儿听听它们发出的声响有什么不同，并按声音大小排序。也可在几个盒子中分别放置不同的物品，如：沙子、黄豆、小石头等，先让幼儿看看盒里的东西，再摇一摇盒子，让幼儿感知不同东西发出的不同声音，然后再让幼儿通过辨别声响，说出盒子里装的是什么，来辨音猜物，或每种做两个让幼儿听辨配对。

● 找声音：把闹钟藏在教室或房间的某一个地方，让幼儿蒙着眼睛去寻找嘀嗒声。也可把闹钟定时设置在两三分钟后，若在设定的时间内找不到，闹钟响起就算输。

● 听声辨音：录下小动物的叫声，播放给幼儿听，让幼儿判断是哪种小动物的叫声。

● 猜方向：七八个幼儿围成一圈，中间一位蒙上眼睛做猜的人，外圈的幼儿选一位做指挥，指挥的人不出声，只能用手指，被指到的幼儿拍手，猜的人听声音指出拍手的方向，猜对了则换一位做猜的人。

● 敲风铃：投放各种各样的风铃，让幼儿敲击，感受不同的声音。也可挂一些不同材料的物体，引导幼儿去敲击，记录哪些材料会发出声音。

● 看手指：幼儿把食指放在自己的鼻子上，两只眼睛轮流，睁一只眼、闭一只眼看食指，一会儿就会觉得不是眼睛在动而是手指在晃动。

● 贴"鼻子"：在纸上或白绒布上画一有鼻子的小丑头像，在鼻子的位置粘上棉花，用吹塑纸剪一个长三角形当"鼻子"，在"鼻子"背面粘上棉花或钉上子母粘扣粗糙的一面。参加游戏的幼儿用手绢蒙住眼睛，从距离2米左右处走向小丑，给小丑贴上"鼻子"。此外还可进行贴"耳朵""眼睛""嘴"等游戏（如图3-27）。

图3-27

● 猜猜看：桌上摆列几样玩具，玩时一幼儿当裁判，其他幼儿看一会儿，记住都有些什么玩具，而后闭上眼睛，裁判迅速藏起其中一件或数件玩具后，其他幼儿睁开眼睛看看，说说什么东西不见了。或将玩具排列位置调换后，请幼儿说出什么玩具的位置变了。还可将玩具全部盖住，让幼儿说说能记住的东西。

● 锤子剪刀布：两人一起玩，先玩单手锤子剪刀布，口说"锤子剪刀布"，双方同时出拳，按锤子可以赢（锤）剪刀，剪刀可以赢（剪）布，布可以赢（包）锤子的原则定胜负。熟练后玩双手锤子剪刀布，口说"左一手"（同时出左手），"右一手"（同时出右手），"收一手"（快速地收回一只手），最后看看两人留下的拳谁赢。

棋牌

棋牌游戏是幼儿园大班不可缺少的活动内容，也是中班和小班幼儿乐意参加的活动之一。棋牌可从商店里购买，也可配合教学内容自行设计。幼儿棋的制作，关键在于设计内容和玩法，教师可根据教育目的或教学内容（如儿童文学作品、科学常识、安全卫生、行为习惯等）设计棋盘内容、制订玩法规则。棋盘可用硬纸板、塑料板、不织布、泡沫地垫、纸盒、铁盒等制作。棋子可用石子、扣子、瓶盖、贝壳、彩笔套等物品替代，棋子须涂上不同颜色，以便区分。骰子可到商店购买，也可用木块或橡皮擦制作，还可用六角"陀螺"的方式制作。有了这些材料即可进行棋类游戏。玩牌能激发幼儿对数字、符号的兴趣。牌最常用的是扑克，也可自制，以下介绍几种棋牌游戏：

● 抽"乌龟"：两人以上参加玩牌游戏。先将扑克牌随意抽出一张盖住当"乌龟"，并把牌逐一分给参与者；然后各人整理好自己手上的牌，两张数字大小相同的为对子，抽出放在一边；再朝顺时针方向轮流将邻座中的牌抽取一张，若这张牌能与自己手中的牌结成对子，就放在一边，不能成对则插入自己的牌中；直至剩下最后一张牌，将"乌龟"亮出，与"乌龟"成对的，即是输者。

● 猜牌：在如扑克牌大小的纸板上，分别画上鸡、鸭、猫、狗、猴、马、熊、兔等动物（或其他物品），玩时先将牌面朝上任意排成两排或三排，幼儿有意识地记下各种动物牌的上下排序位置，然后将所有的牌在原位翻过来，背面朝上。两位幼儿轮流猜牌，甲幼儿猜牌时乙幼儿翻开检查，若甲猜错了，乙可提示说出这种动物（或物品）的特征或作用，但不能说出名称。若甲说对了卡片归甲方，若说错了，将牌翻过来正面朝上，放在原处。甲、乙轮流猜牌，最后卡片获得多者为胜。此游戏可根据不同年龄和不同水平增减卡片数量。

● 交通棋：棋盘如图3-28。此棋供2~4人玩，每人持一种颜色的棋子，用"锤子、剪刀、布"的猜拳形式，决定掷骰子的先后，然后轮流掷骰子，骰子朝上的一面点或数是几就前进几格，遇到有图处，须按提示要求进行。接近终点时，所掷点数必须刚好到达终点，否则，超过几点就要后退几格。先到达终点者为胜。此棋还可根据其他故事的情节设计棋盘，玩法类似。

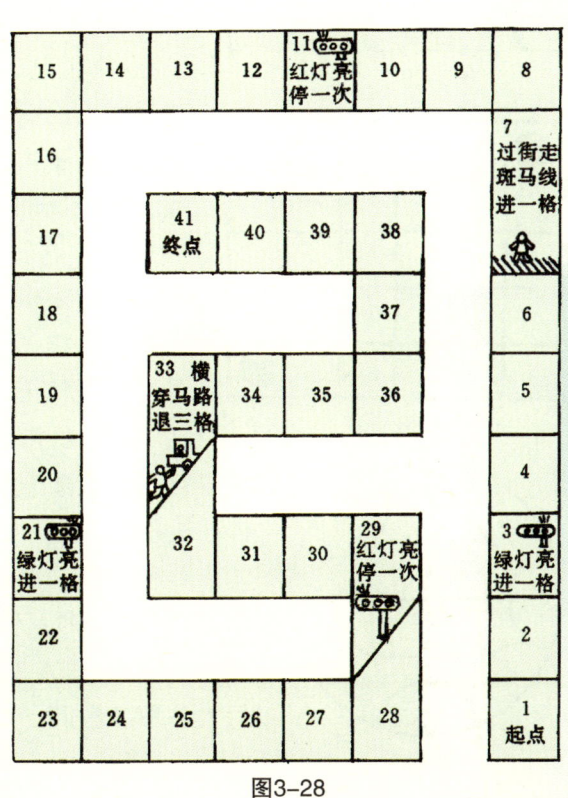

图3-28

● 五子棋：双方各选一色围棋，两人轮流下子，既要使自己的棋子排成五个连续的一行（横排、竖排、斜排均可），又要想办法阻隔对方的棋子，使之不能排成五个连续的一行，谁先排列出五个连续成行的棋子即为胜者，游戏重新开始。

●"登长城"棋：供2~6人玩，每人分别持不同颜色的棋子，骰子的各个面分别与棋子的各种颜色相同，每人轮流掷骰子，扔到什么颜色，持相同颜色的棋子向前走一格，先到达"长城"者为胜（如图3-29）。

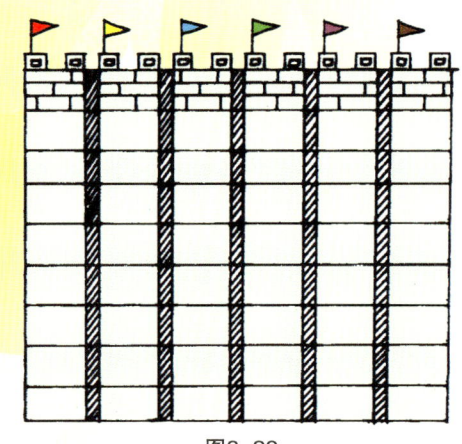

图3-29

●红绿棋：红、绿棋子若干（也可用贝壳、瓶盖、小石子、纽扣等贴上红、绿色纸制成棋子），由两人进行游戏。各自选一种颜色，以"锤子、剪刀、布"决定每次由谁出棋。出棋者将自己的棋子摆一个在格子内，棋盘格子都摆满后，数一数、比一比谁的棋子多，多者为胜（如图3-30）。

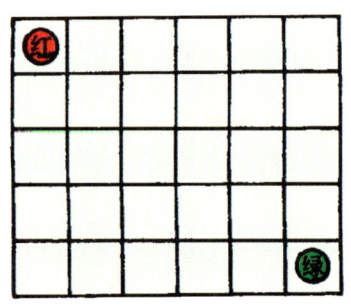

图3-30

●圆圈棋：两人一组游戏，分别将自己的四个棋子（双方棋子颜色不同）摆在各自的棋位上，以猜拳决出先后，然后设法将自己的棋子移至对方原来占据的位置。棋子可在圆弧或直线上走，每次只走一步，要停在线条连接处（如图3-31）。

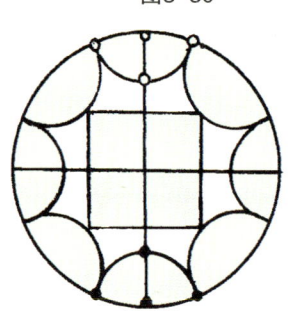

图3-31

●登山棋：三人一组游戏，各取一组数字作为自己的代号，代号分别为甲方1、4、7，乙方2、5、8，丙方3、6、9。游戏时，每人各取三粒石子，一人喊"一、二、三"后，三人同时出石子，每人出石子的数量可以是一个、两个、三个，也可以一个都不出；然后，将三人所出的石子相加，得出的总数是谁的代号，谁将自己的棋子在棋盘上向前进一格，先登上"山顶"者为胜（如图3-32）。

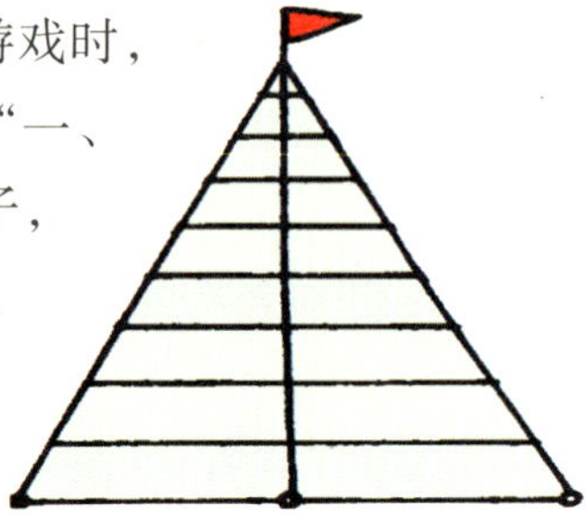

图3-32

数

● 滚骰子：取两个较大的骰子，其中一个骰子的六个面为1~6的数字，另一个骰子的每一面贴上各种物品图案，两个骰子一起投。然后说出数字骰子面上的数与另一个骰子面上的物品，如"三个苹果"。

● 找一找：用印章印制相互交错的图案（如三角形、圆形等），让幼儿细心地寻找，点数出各种图案数量。

● 包装薯条：用不织布缝制薯条袋和薯条，在薯条袋上分别缝上不同的数字，让幼儿根据袋上的数字点数相同数量的薯条装进薯条袋里（如图3-33）。教师可根据幼儿的水平，逐渐加大数字和增加薯条。

图3-33

● 毛毛虫：用不织布制作毛毛虫，将毛毛虫的身体分成若干小节，分别缝上数字，然后在身体各小节衔接的地方缝上暗扣，幼儿根据数字排列毛毛虫身体，并用暗扣进行连接（如图3-34）。教师可根据幼儿对连续数的掌握情况增加毛毛虫身体的节数。

图3-34

● 豆荚：用不织布缝制若干豆荚，在豆荚的一边缝上拉链，在豆荚的面上缝上不同数量的豆子，再制作若干豆子。游戏时拉开拉链，按豆夹上豆子的数量装进豆子，再拉上拉链（如图3-35）。

● 百变数字拼板：买一个百变数字拼板让幼儿拼插出0~99的数字（如图3-36）。

图3-35

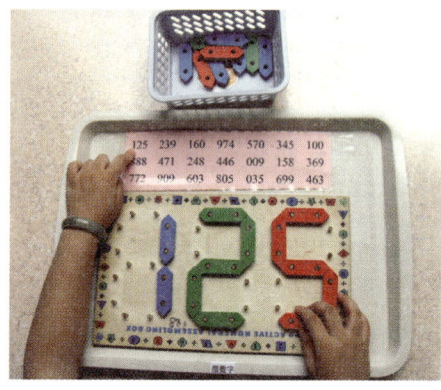
图3-36

● 相邻数：制作相邻数数板供幼儿学习相邻数、点数对应和单双数（如图3-37）。

● 跳跳盒：在衬衫包装盒的盒底画上草地和池塘，用纸折出10只小青蛙或把装饰成小青蛙的纽扣放入盒中，幼儿晃动盒子，停下后让幼儿数一数有几只小青蛙在草地上，几只在池塘里（如图3-38）。

图3-37

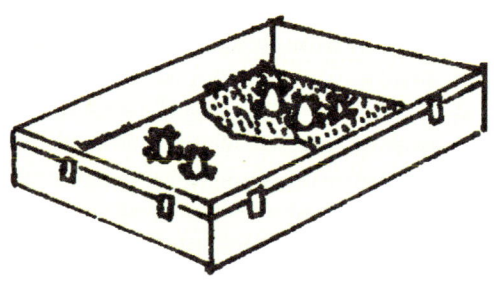
图3-38

● 数树叶：提供 10 片小树叶，吹一口气，让幼儿数一数还剩几片叶子，或随意抓起一把，让幼儿看看还剩几片叶子，以此练习 10 以内数的减法。

● 手指计数：左手计十位数，右手计个位数。右手握拳，伸出右手食指表示 1，食指加中指表示 2，食指、中指加无名指表示 3，食指、中指、无名指加小拇指表示 4，这四指握住伸出的大拇指表示 5，拇指加食指表示 6，拇指加食指、中指表示 7，拇指加食指、中指、无名指表示 8，拇指加食指、中指、无名指、小拇指表示 9。左手食指表示 10，左手食指加右手食指表示 11，左手食指加右手食指、中指表示 12，以此类推，通过手指计数可以训练手脑并用的能力，还可以用来做数学计算。

● 顺倒数：两人边念儿歌边拍手，顺数时各自拍手，倒数时两人对拍。

1，

12，

123，

321，

12345，

54321，

123456，

654321，

1234567，

7654321，

123456789，

987654321。

● 找瓶盖：将各种小瓶和瓶盖分别贴上算式和得数，然后旋开打乱，幼儿通过计算小瓶上的算式去寻找瓶盖上的答案，算对了就能将瓶盖和瓶子配对旋上。

● 测量：投放直尺、卷尺、线、绳、记录纸，让幼儿测量场地的大小或物体的大小，布娃娃或人体的身高、胸围等，并记录下来。幼儿有一定的测量经验后，可让他们目测估算。

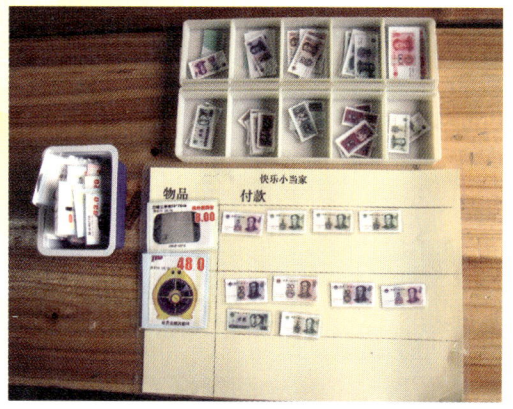

图3-39

● 付款：如图3-39设计一个付款底板，左边放所要购物的卡片，右边放上与卡片上所标金额相应的钱币，让幼儿学习辨认人民币，按物品的价格付钱。

● 年：用不织布制作圆形、半圆、四分之一圆、十二分之一圆，分别注明"年、半年、四季、月份"，供幼儿拼摆学习，让幼儿直观地理解年与季、月的关系。

● 挂历：用不织布制作日历底板及可粘贴的天气图片、年月日卡片，同时提供当年的挂历作范本，供幼儿拼摆。此学具也可挂在班级讲台前，作为班级每日一认（认识今天是几月、几日、星期几）的学具。

图3-40

图3-41

实例

劳作区

　　劳动给人智慧，劳作使人聪明。在生活劳作中幼儿不仅学会劳动技能，获得生活体验，更重要的是培养责任感，养成热爱劳动的好习惯，为他们自立于社会打下良好基础。

　　幼儿劳动的内容渗透在生活的方方面面，如生活自理（穿衣、叠被、梳理、盥洗、进餐、系鞋带等）、整理环境（扫地、整理桌面、分碗筷、整理玩具等），农村园所还可拓展活动空间，带幼儿到户外摘野菜、采草药。总之，凡是孩子力所能及的安全的事情都可以让孩子动手做。

　　生活劳作区的场地设置可根据劳作的内容灵活安排，如穿衣、叠被可直接在寝室进行，有条件的幼儿园还可开辟一间生活劳作室，内有厨具、卫生用具等，提供各种食品、蔬菜等原材料供幼儿劳作。此外，家庭是开展生活劳作的最佳场所，家长要舍得让孩子参加他们力所能及的家务劳动。

　　生活劳作的工具一般不需要特意制作，适合幼儿安全使用的餐具、用具等都可加以利用，真实的工具更贴近生活实际，让孩子学了就能用。当然也可利用废旧材料自己制作劳动工具。在进行劳作活动时，教师首先要教会幼儿如何正确使用刀子、剪刀、针、锤、锯等工具，还要帮助幼儿树立安全意识，避免发生危险。有些劳作可有一些保护措施，如戴上手套保护手，戴上墨镜保护眼睛，戴上围裙防止弄脏衣服等。

　　初学时教师要用动作示范教给孩子劳动技能，越小的孩子越需要动作示范，这是因为幼儿的心智发展需要达到一定的成熟程度，才能理解成人的口语指示，所以越小的孩子越要用动作来示范。

生活劳作

● 穿脱衣裤：在气候不冷的季节，幼儿起床或入睡前，让幼儿学习穿脱衣裤，并将脱下的衣物折叠摆放整齐。为了增加孩子折叠衣服的兴趣，可以把折叠衣服的过程和方法编成儿歌，让幼儿边念边叠，如：抱一抱，抱一抱（指叠双袖），先来一个点点头（指叠衣服上的帽子），再来一个弯弯腰（指衣服从腰处对折）。教师还可将儿歌配上幼儿熟悉的歌曲旋律，这样幼儿叠衣服的兴趣一定会大大提高。

● **整理被褥**：让幼儿在卧室练习叠被、铺平床单、摆放枕头、清洁床面等整理活动。

● **穿鞋**：利用幼儿自己的鞋练习穿鞋。为使鞋不至于穿反，教师可先让幼儿知道鞋子略凹进的一侧朝里，才能使一双鞋成为"好朋友"，小脚穿上才会舒服。教师可提供闲置的干净的系带鞋或自制系带鞋面，让幼儿练习将鞋带穿过扣眼和系鞋带。

● **剪指甲**：幼儿将自己的手放在纸板上，画出手的形状，再画上指甲，剪下手形，让幼儿在纸板上练习剪指甲。

● **卷袜子**：提供干净的袜子，让幼儿分类配对，并卷起收拾。建议此活动在家进行。

● **给布娃娃穿衣**：收集幼儿小时候穿过的衣服，再准备一个较大的布娃娃，让幼儿给布娃娃穿衣服。

● **夹**：提供筷子和各种被夹的材料，如玻璃珠、木珠、果核、花生、豆子等供幼儿练习夹。初学时可让幼儿夹些粗糙且较易夹牢的东西，学会后再夹光滑、较重而不易夹牢的珠子，熟练后还可把珠子放在水盆里，增加夹珠子难度，提高夹的技巧。

● **舀**：提供汤匙、漏勺，被舀的东西，如豆子、花生、米、泥鳅、贝壳类水产品等，让幼儿学习舀。

● **剥**：提供橘子、香蕉、花生、豆荚、煮熟的蛋等需剥皮、剥壳的食物，让幼儿练习剥皮剥壳后食用。

家务劳作

● **摘拣蔬菜**：提供蔬菜（如小白菜、芹菜、韭菜等）让幼儿摘拣。

● 清洗碗碟：用餐后让幼儿协助收拾和清洗碗筷。

● 搓元宵：提供和好的元宵粉和晾干的盘子，让幼儿搓实心汤丸。待这一技能掌握后还可以提供肉馅、芝麻馅等让幼儿学搓带馅的元宵。

● 自制面食：提供面团、馅、擀面棍，让幼儿搓、擀、包、捏，经捞、煮、蒸、烤等方式，自制出各类面食，如馒头、花卷、大饼、水饺、扁肉等。自制的面食会让幼儿觉得倍加香甜，更有食欲。

● 磨米浆：米或黄豆浸泡后，用小石磨磨浆（如图3-42）。

● 自制西点：提供面包、火腿肠、果酱、奶油、黄瓜等，经过切、抹、夹、煎、烤等，制作三明治、汉堡包等西点。

● 自制果汁：提供榨汁机和水分丰富的各类水果，如橙子、柑、西瓜、梨等，让幼儿自行操作，榨出鲜果汁。

图3-42

● 水果蔬菜拼盘：提供水果刀和各种水果、蔬菜，让幼儿自己将水果蔬菜切片，摆成各种图案的拼盘。

● 包饺子：将乳白色薄的不织布剪成饺子皮大小的圆形不织布，当作饺子皮，然后将饺子皮对折成半圆形，并在水饺皮的两个半圆的边缘分别带折皱地缝上子母粘，一半圆缝子贴，另一半圆缝母贴。再准备一些彩色皱纹纸，将皱纹纸搓成小团，制作成水饺馅，盛放在碗中。幼儿先将饺子皮放在手心里，然后将饺子馅舀入饺子皮中，左右手相互配合，轻轻对捏，将水饺皮的对边子母贴粘合，一个形象的饺子便包好了（如图3-43）。也可提供真实的饺子皮和馅，让幼儿学习包饺子，并送到厨房煮熟。幼儿吃着自己包的饺子一定觉得味道好极了。

图3-43

图3-44

图3-45

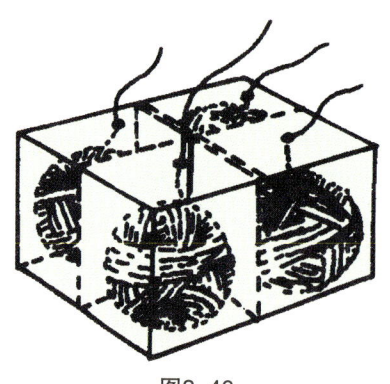

图3-46

● 包春卷：将不织布剪成圆形，边上粘上一个子母粘的母贴，春卷皮就做好了。让幼儿用筷子将不织布做的大葱夹在春卷皮的一边，按包春卷的样子包好，粘上，春卷就包好了。

● 切蛋糕：不织布剪成条形，卷成数个蛋糕卷，两边贴上子母粘，将蛋糕卷粘贴在一起，让幼儿用塑料刀切在子母粘上，蛋糕便一块块切了下来。

● 晾衣服：提供小衣服、衣架，让幼儿练习晾衣服。当幼儿学会晾衣服后，可提供大小不同的衣服和与之相匹配的衣架，让幼儿用合适的衣架晾衣。

● 做卫生：让幼儿参与擦桌椅、扫地、拖地板。

● 织围巾：用两根毛线针织小围巾。若一天织不完，第二天、第三天可继续编织。要注意供幼儿使用的毛线针不宜过长，一般以20~25厘米为宜。进行毛线编织前，不妨给幼儿提供一个毛线盒。其做法是把各色毛线分别装入有分隔的盒子里，然后在盒盖相应位置上分别钻上小孔，把毛线从孔中拉出，以避免毛线互相缠绕（如图3-46）。

● 编"辫子"：用三根或三束毛线固定在窗户的铁条上让幼儿学编"辫

子"。也可将可乐瓶截下，钻上小孔，拴上毛线，瓶口用线拴住挂起来制成一个学编"辫子"的"吊钟"（如图3-47）。当然，除了毛线外，其他较柔软的细条（如皱纹纸带、玻璃绳、稻草等）都可以成为幼儿学编"辫子"的材料。

● 摘野菜：农村教师可带幼儿到野外采摘苦菜、蕨菜等，将野菜进行加工烹饪，品尝野菜的美味。

● 采草药：教幼儿辨认、采集常见的中草药，如鱼腥草、鸡爪草等，并向幼儿介绍其功用。

图3-47

● 插花：提供干花枝、假花，花瓶、花篮、花泥等，让幼儿学习插花艺术，美化环境。

● 缝合：将布坯裁成小提包、衣、裙、裤等形状，两片对齐进行缝合。在幼儿刚开始学缝时，可标出针眼位置，使之缝得更整齐（如图3-48）。

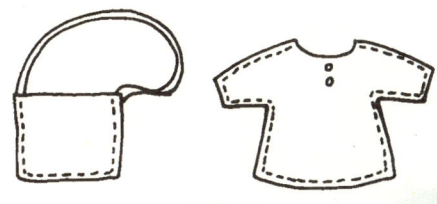

图3-48

● 绣：将木框安上支架，绷上纱网，可供多位幼儿合作绣图（如图3-49）。

● 钉：提供树墩、铁钉、锤子，让幼儿随意钉下钉子、拔起钉子。也可将泡沫地垫切割成大小不一的多种图形（如正方形的房子、长方形的门、三角形的屋顶等），让幼儿钉合出房子（如图3-50）。

图3-49

图3-50

美工区

红、黄、蓝可以变幻出无穷的色彩，描绘出绚丽的画面。折、剪、贴可变化出不同的形状，组合出巧妙的图案，展现新颖的构思。幼儿园设立美工区，为幼儿提供绘画、手工等活动的条件，对培养幼儿初步的感受美和表现美等能力具有很好的作用。教师还可带领幼儿将美工活动的地点移到户外，如：户外涂鸦墙、操场、公园、沙滩绘画创作。如此丰富的活动如何有效地进行呢？其一，在内容的安排上可以配合美工教学进行课后练习。其二，美工区内要有适合幼儿创作的桌椅或画架，为减少清洗困难，可在桌上铺一张报纸或白色塑料纸，让幼儿戴上袖套和围兜进行创作。其三，教师要支持幼儿独特的表现手法。幼儿作画时常常自言自语，用语言来补充画面，因此从画面上看似乎不很完整。他们有时还会将太阳画成绿色，把小草画成紫色，教师对幼儿的艺术表现应给予充分的理解和尊重，不能用自己的审美标准去评判好坏，更不能为追求结果的"完美"而进行千篇一律的训练，以免扼杀幼儿想象与创造的萌芽。

美工区活动后，常有需要展示的作品，教师可利用墙面、橱柜等为幼儿开辟作品展示栏或展示台。作品是否展示由幼儿自己决定，这样有利于增强幼儿的自信心和成功感。

趣味画

● 滴管配色：将红、黄、蓝三原色颜料调稀一点分别装在三个按压式瓶子里，挤出不同的颜料到同一个小药瓶中（如图3-51），盖上瓶盖摇匀后观察颜色的变化。待幼儿了解两种颜色调在一起会产生变化后，可增加色卡，让幼儿调出与色卡相接近的颜色（如图3-52），这样会增加难度，有一定的挑战性，以利于吸引幼儿持续探索。（为便于幼儿掌握颜料滴入的量，也可用滴管或眼药水瓶吸上颜料滴入调色瓶）。

图3-51

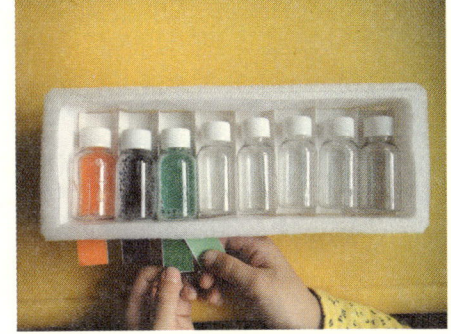

图3-52

● 调色记录：提供调色盘、三原色颜料、排笔、调色记录卡，记录卡一端画上"一种颜色＋另一种颜色"的提示（如图3-53），如"黄色＋红色"表示先在调色盘挤上一些黄色，然后加上一点红色（如图3-53），用排笔调和出的颜色涂在记录卡的第一格，而后再逐步添加红色，每加一次红色都要涂在色卡上，记录调色的变化（如图3-54）。

图3-53

图3-54

● 油墨染画：在清水中滴入不同颜色的油墨颜料或墨汁，轻轻吹散浮在水面上的油墨，直到形成自己满意的图案，再把宣纸平稳地放在水面上，吸附水面上的油墨，然后轻轻拿起画纸，一幅奇妙的图案就形成了。教师可鼓励幼儿想象画面形象。

●水彩笔画染：先将面巾纸对折成各种形状，再用水彩笔在折好的纸上进行点、线创作（如图3-55），展开后就成为美丽的图画（如图3-56）。

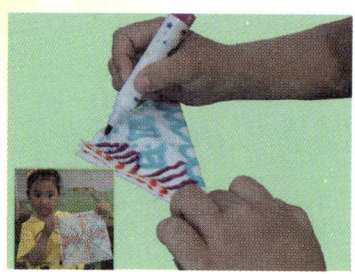
图3-55

图3-56

●水墨滴染：取方形生宣纸或面巾纸对边折或对角折数下，用眼药水瓶吸上颜料，滴在纸上，还可把纸角或纸边放在水彩颜料中浸染，形成自然的浓淡过渡，展开后即成一幅色彩绚丽的图案（如图3-57、3-58）。

图3-57

图3-58

●水墨重染：将生宣纸浸染一种颜色，片刻后又在同一部位再染上另一种颜色，染完后根据作品的图案，对作品进行更深入的艺术加工（如图3-59、3-60）。

图3-59

图3-60

●蜡染：利用蜡与水分离的特点，先用蜡笔或油画棒在宣纸上作画折叠后，再用毛笔或滴管蘸水彩颜料涂染，最后摊平晾干，这种方法能衬托出蜡笔线条，其画面效果胜过单调的蜡笔画（如图3-61）。

图3-61

●扎染：提供染料、白色棉布、扭扭棒，让幼儿用扭扭棒将布扎成不同的形状后染色。

●印章画：用莲藕、蘑菇、丝瓜络、纸团等有一定造型的物品做印章，蘸上颜料印画，印完后还可以用油画棒添画（如图3-62）。

●滚筒印画：用吸水性强的材料镂出图案，包在滚筒上，制成印画用的滚筒，或者直接购买滚筒印画工具让幼儿创作。

图3-62

●树叶画：收集各种大小不等、形状不一的植物的叶子，先把叶片平放在较浓的颜料上轻轻按一按，然后拿起叶片，将蘸过颜料的一面朝下，放在纸上，再用另一张纸盖上，用手轻轻地按压。掀开纸和叶片，一张叶子画就做好了。

●拓印：将硬币、剪纸等有凹凸纹理的材料置于质地较柔韧的纸下，用蜡笔、油画棒或铅笔在纸上来回涂抹，用这种方法能将图形的纹理清晰地拓印在纸上。

119

- 复写作画：用复写纸作画，复制出同一幅画。
- 吹塑纸版画：用吹塑纸做底版，再用笔头粗一些的铅笔在吹塑纸上刻画，形成凹槽画面。取比底版稍大一点的黑色印纸覆盖在刻画好的吹塑纸上，用夹子夹住画面上方。再用排笔调广告颜料或水彩颜料，在已刻画好的吹塑纸画面上上色，每上一块颜色，就将黑色印纸覆盖拓印一次，直至所有画面都上完色，即完成一幅吹塑纸版画作品。印制时注意调色的水不宜太多，以免上色不匀（如图3-63）。

图3-63

- 油泥印画：用竹签、塑料刀等玩具在油泥（油泥可以网购）上刻出图案，将刻好的图案蘸上印泥，印在白纸上，形成阴刻效果。
- 青花盘：用蓝色记号笔在一次性纸盘、纸碗、纸杯上画青花瓷的花纹（如图3-64）。

图3-64

- 青花瓶：将气球吹满气后扎紧，把两个一次性塑料杯底部粘在一起，再固定在气球靠近扎口的一端；取一个圆形盖子，将气球用胶带固定在盖子上，使气球能站立；在清水中调入微量的胶水，将面巾纸在调好的水中沾湿后，一张一张糊在气球、纸杯、盖子的表面，直到整个青花瓷胚变成白色后，晾干；用蓝色记号笔在晾干的气球纸面上画出青花瓷的

花纹（如图 3-65）
- 刮蜡画：用牙签或塑料棒刮去蜡纸上的蜡质层，绘出美丽的画面（如图 3-66）。

图3-65

图3-66

- 石头画：提供形状各异的鹅卵石，让幼儿根据鹅卵石形状作画，也可用橡皮泥与石块粘合作画。
- 伞面画：幼儿有了一定的绘画基础后，教师可提供单色的雨伞和丙烯颜料，让幼儿在小伞上画上他们自己喜欢的画，一把把漂亮的小伞就做成了。
- 脸谱画：收集各种纸盘、塑料盘、灯罩或其他材料，并提供水彩笔、记号笔、炫彩棒、丙烯颜料和排笔等工具，让幼儿画自己喜欢的京剧人物的脸谱或其他人物、动物的脸谱（如图 3-67）。

图3-67

- 镜面画：在墙面上安一面镜子，让幼儿用水彩笔画下镜面里的自己。
- 镜框添画：画一张较大的底图夹在玻璃镜框里，如一张桌子左右两边各画一把椅子，让幼儿用水彩笔在椅子上添画相应的人物，桌上画茶壶、杯子、水果等物品，作"谁来做客"的主题想象画，画后可以擦掉，重新创作。

●画彩蛋：用锥子在鸭蛋的两头各钻一个孔，一个孔略大，一个孔略小，从略小的孔向大孔方向吹出蛋液后，用记号笔在蛋壳上作画（如图3-68），画完之后用细绳穿过两个孔后打结并悬挂。也可在蛋的小头处开一个小口将里面的蛋清和蛋黄倒出，然后将蛋壳洗净晾干，把点燃的蜡烛油从开口处滴到蛋壳的底部，滴多少以蛋壳不用扶就能立着不倒为准，在蛋壳表面装饰脸谱、服饰等，好玩的不倒翁就做好了。

●吹画：将颜料滴在纸上，再用嘴吹颜料，颜料四散开后形成一定的画面，再用手指点画，凭想象添补成一幅有情节的画（如图3-69）。

图3-68

图3-69

图3-70

●粉笔画：提供各色粉笔让幼儿在黑板上或水泥地面上作画。若在阳光下还可互相画对方的影子。教师还可在地上画上动物或房子等，由幼儿添画篱笆或小树林等（如图3-70）。

●牙刷喷画：将剪好的图样放在画纸上，用牙刷蘸些颜料，在纱网或梳子的齿上刷，颜料溅出形成雾点喷在画纸上，稍干后，拿开图样，空白处即是图形。

● 掌画：用笔沿着手掌或脚掌的外形把手掌或脚掌描在纸上，再利用手掌或脚掌的形状或变化的掌形创意添画；也可让幼儿用手掌均匀地蘸上适量颜料，轻轻地印在纸上或瓷砖墙事先画好的树干上，印出片片"小树叶"；还可让幼儿用脚掌蘸颜料印在地上，待颜料干后，让幼儿顺着脚印走。

● 拳头印画：让幼儿握紧小拳头，用拳头侧面蘸颜料印在纸上，再用手指蘸颜料在上端点五点，一个小脚印就画好了。

● 想象画：让幼儿把学过的歌曲或诗歌内容画在纸上。如："门前大桥下游过一群鸭……"

● 沙画：用手指或竹签在沙盘上画画。

● 纸浆画：把卫生纸撕碎后倒入白乳胶，将其搅成纸浆，再倒入水彩颜料，将白色纸浆调成各种颜色的纸浆，最后用镊子取纸浆作画（如图3-71）。

图3-71

● 拖线画：取一张白纸任意对折，将蘸有颜料的棉线夹在对折的白纸中拖拽出来，如此反复，直到画面满意为止，再用水彩笔或记号笔添画（如图3-72）。

● 倒影画：先将卡纸对折后打开，再在卡纸的上半部分用水粉或炫彩棒画上图案，用排笔在卡纸的下半部分刷上清

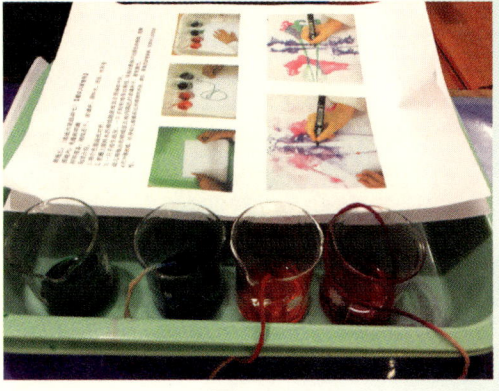

图3-72

水，趁上半部分图案的颜料未干时，将卡纸对折抚平后打开，图案就会从卡纸的上半部分印到卡纸的下半部分，形成倒影效果（如图3-73）。

● 对称画：提供对称图案的一半，并用过塑纸过塑好，让幼儿用水彩笔在空白处画出图案的另一半（如图3-74）。

图3-73

图3-74

小制作

● 剪报纸：提供报纸让幼儿剪纸条，比比看谁剪得最长。可启发幼儿绕着报纸边螺旋式一圈一圈地剪，剪得越细才能越长，但要注意不能剪断。

● 剪窗花：将彩色纸边对边折或角对角折数下，然后在边缘剪去规则或不规则的图形，展开后即是一朵美丽的窗花。

● 撕轮廓：将水果、动物、汽车、数字等图案用缝纫机沿轮廓扎一圈，然后供幼儿沿着扎过的痕迹撕下来，可作教具或学具。

● 纸棒：用挂历纸卷成或粗或细、或长或短的纸棒粘牢。大的可以做体操棒，可以当"马"骑；小的可以串起来做门帘，还可作为比较长、短、粗、细的学具。

图3-75

● 卡纸卷贴：卡纸有一定的硬度，比较容易塑形，将卡纸剪成条状，可以直接用手卷成狮子毛（如图3-75）或花瓣（如

图3-76）等形状。

● 纸绳粘贴：皱纹纸色彩鲜艳，柔软且较有韧性。将各色皱纹纸裁成长条，用拇指与食指将其捻成纸绳，再将硬纸板剪成各种形状或物体轮廓。在纸样上均匀地涂抹上胶水后，将纸辫从内到外、有序而紧密地粘贴在纸样上，可以制成精致的小花瓶、小扇子（如图3-77）、小杯垫、小拖鞋、漂亮的小壁挂等。

图3-76

图3-77

● 折纸：提供各种彩纸，让幼儿看说明图或根据自己意愿折纸，并将折纸作品巧妙地展示出来（如图3-78）。

● 薄膜粘贴：将薄膜纸、挂历纸剪成各种图形，放在水里沾湿，直接贴在瓷砖墙面上组画。

图3-78

125

- 苍耳子粘贴：苍耳子表面有钩刺，易于附着，提供一些成熟的苍耳子（从药店购买或采摘）在纱布或绒布上粘贴出图案。为增添色彩表现力，可用水粉颜料将苍耳子染成各种颜色晾干后使用（如图 3-79）。
- 果壳粘贴：利用果壳、贝壳、豆子等天然的造型加以拼贴，就可以取得生动形象的效果。如：取栗子壳一半用白乳胶粘贴成"鸟窝"；用瓜子壳粘在纸上添画上小蝌蚪的尾巴；用笋壳或树皮粘贴成"屋顶""树干"，用种子粘贴"蝴蝶""瓢虫"等（如图 3-80）。

图3-79

图3-80

- 锯末粘贴：将木、竹的锯末或糠壳染上各种颜色晒干装在透明的塑料瓶中，瓶盖留一小孔。作画时分别将图案上的相同色块一次性涂上白乳胶等黏合剂，撒上相应颜色的锯末并盖上一张纸，轻轻地压一压，稍干后，抖掉画面上多余的锯末装回同色塑料瓶中回收。以同样方法再进行其他色块图案的操作，直至整个画面完成。此方法还适用于以细沙、泡沫塑料等细小颗粒状的材料作画（如图3-81）。
- 蛋壳粘贴：剥去蛋壳内的薄膜，将蛋壳捣碎，着

图3-81

上各种颜色，然后用白乳胶粘贴在画有轮廓线的图内装饰成画。

● 剪羊毛：用较厚的不织布剪出羊的底板，在羊的身上贴上子母粘的母贴，先将棉花贴在羊身上的母贴上，再用剪刀剪羊毛（如图3-82）。

图3-82

● 麦秆粘贴：将麦秆、芦苇秆或稻草秆按图形需要拼剪、粘贴成画；也可用牙签串编成生活用具，作为娃娃家的小家具等，或做成小船放在水里玩（如图3-83）。

● 扎稻草人：用稻草除去尾部，将两根竹棍交叉绑成十字架，在竹子上绑上稻草，再穿上衣服即成为稻草人。

图3-83

● 小笋制作：将新鲜竹笋切割穿插制作各种小玩艺。

● 刺绣：提供筛子、线，让幼儿绣出各种图案（如图3-84）。

● 学插花：提供树枝、花、插花泥，让幼儿学习插花。

图3-84

●纸盒制作：收集烟盒、火柴盒、牙膏盒等小纸盒，提供色纸、胶水、小木棍等材料，让幼儿自由构思、组合，制作汽车、楼房、沙发、桌、椅、柜、畚斗等。

●服装设计：提供各种包装纸、挂历纸、报纸、纸袋、丝带、透明胶、双面胶等材料，让幼儿设计服装。

●毛毛虫：在铅笔上卷上长12厘米、宽3厘米的皱纹纸，将铅笔竖起，把皱纹纸往下压紧，再退出铅笔，即成一条毛毛虫。

●陀螺：将一张厚纸板剪成圆形后，涂上漂亮的颜色，再用一根牙签从圆心穿过，用大拇指和食指旋转牙签，纸陀螺就转起来了。此外，还可以用栗子、瓶塞、线轴等制作陀螺，让幼儿探究哪一种材料制作的陀螺更好转，转轴上下部分的长度为多少时陀螺更易转动。

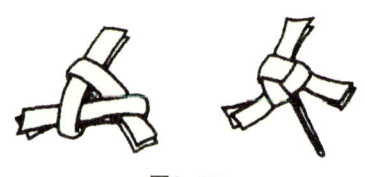

图3-85

●风车：将三张宽2厘米、长20厘米的纸条或棕榈叶对折后，交错穿编在一起拉紧，即成一个三片风叶的小风车（如图3-85）。幼儿用笔尖顶着往前跑，或从高处往下抛，风叶会随风旋转。

●转纸花：用一张长约9厘米、宽约4厘米较厚的纸，如图3-86，在 AB 处二等分，CD 处三等分，将实线部分剪开，虚线部分对折，做成 ⑂ 状纸花，幼儿手持纸花，举高后松手，纸花就会旋转下落。

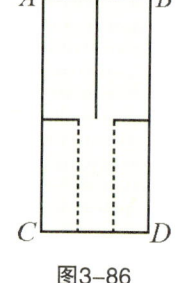

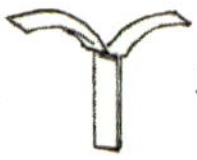

图3-86

●自制面泥：准备面粉500克、凡士林100克、小苏打50克、食油40毫升、水160毫升、染料适量，将以上配料倒入盆中揉成面团，供幼儿捏泥，用后须装在塑料袋中密封保存以防干裂。还可将比较软的面泥或橡皮泥放进注射针筒，挤出条状，做线条画或角色区餐馆餐桌上的面条。农村幼儿园则可用陶土、黏土当面泥捏制物品。

●可塑气球：用面泥或面粉、湿细沙等填充气球，再将气球口扎紧，制成可塑气球，用捏、挤、压等方法塑造出形态各异的造型，并用彩笔

或辅助材料添加装饰。

●果蔬制作：请家长与幼儿自带各种水果、蔬菜、牙签、水果刀等工具，利用不同水果和蔬菜的形状、颜色，通过雕琢、拼接、装饰，制成果蔬艺术品（如图3-87）。

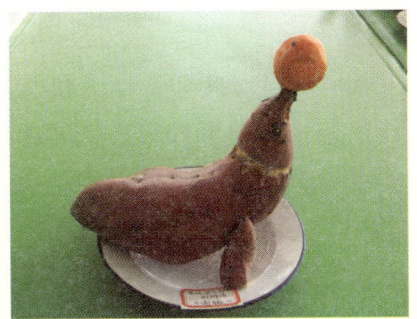

图3-87

科学区

孩子天性好奇，从婴儿睁眼四处张望，到幼儿惊奇地叫"老师，您看！"时的神情，就可知人类生来就在自发地探索世界，好奇、好问、好探索是幼儿的年龄特点。科学区的开设为幼儿提供了激发探究兴趣、满足探究需要、体验探究过程的场所。他们可以在这里学习用观察、实验、概括、比较、分类等方法去探索事物和现象，获取感性的知识与经验，养成善观察勤思考的好习惯。

科学领域包罗万象，凡是幼儿平时能接触到的，身边看得见摸得着的东西，以及幼儿提出的"为什么"等等，皆可作为科学区探究的内容。

科学区的场所设置也较灵活，既可在室内也可在室外，有条件的园所可以在户外开辟一块种植园地，设置一个小小饲养角。农村幼儿园可充分利用身边资源，组织幼儿到大自然、到广阔田野中去观察、去发现、去探究。

科学区中教师的引导可通过提问，如："你是怎么发现的？""我们怎样才能找到？""如果不这样，会怎么样？""老师也觉得好奇怪！我们一起来想一想到底是怎么回事。""试试看会发现什么？""观察到什么变化了？"用这一类开放式的问话鼓励幼儿从不同角度、用不同方法来观察了解事物与现象。要允许幼儿出错，同时要给他们自我纠正的机会，让他们在尝试的过程中获得正确的结论。

动植物

● 喂养：在饲养角喂养鸡、鸭、鹅、兔……在观察角养蚕、蝌蚪、乌龟、鱼……在饲养照料中观察小动物的外形特征、成长过程及生活习性。

实例

● 把橡皮泥捏成扁圆形状，中间垂直处插上一根牙签，放在手腕动脉脉搏处，就能观察到脉搏的跳动。

● 将两根能弯折的吸管插进两个塑料袋里，扎紧袋口，做成"肺"的外形。让幼儿用两根吸管同时吹气、吸气，观看"肺部"呼吸的模拟动态（如图3-88）。

图3-88

● 种植罐、饲养罐：将可乐瓶剪成各式各样的种植罐、饲养罐，用来种花养鱼，既简便又实用（如图3-89）。

图3-89

● 瓶插：将采集的柳条、迎春花枝及各种鲜花插在两个瓶子里，一个瓶内有水，另一个瓶内无水，让幼儿观察它们的变化，比较它们枯萎的速度。

● 变色白菜：将带根的大白菜心插入加有红墨水的水中，一段时间后，白菜会变红。也可将浅色的花插入有颜色的水中，让幼儿观察植物的毛细渗透现象。

● 萝卜白菜花：将带叶的萝卜拦腰切断，取上半截挖出一个小碗状，里面插入带根的白菜心，挂到太阳能照到的地方，让幼儿浇一些水，并观察它的变化。萝卜、白菜会共同长大，出现奇妙的现象（如图3-90）。

● 发芽试验：将种子、块根等会发芽的植物，如豆类、地瓜、芋子、土豆等放在不同的生长条件中，引导幼儿观察种子发芽的过程并做好观察记录。种子发芽的不同条件试验很多，可将种子分别放在土壤、沙子、石头、水中进行对比试验，还可将种子放在有阳光和无阳光、有空气和没空气、

图3-90

给水和不给水等条件下做对比试验。如：把几颗蚕豆分别固定在一根塑料吸管上、中、下的位置，水位浸到中间蚕豆一半，观察蚕豆发芽情况。通过各种试验使幼儿了解种子发芽所需要的条件。

- 生长试验：选择适宜的季节，分期分批种植黄豆，将种子——发芽——长出根、茎、叶——开花——结果的一系列过程同时展现给幼儿看，让幼儿更直观地了解植物的各个生长阶段。
- 无土栽培：在玻璃缸或盆里倒入植物营养液，将泡沫塑料板凿洞，把菜苗根固定在洞内，再放到营养液上栽培。
- 观察果实：提供瓜果，如苹果、梨、橙子、枇杷、石榴、茄子、黄瓜、苦瓜等，让幼儿随意切开（横切、竖切、斜切均可），观察果实的内部构造，了解果皮、果肉、果核的形状与颜色。
- 植物的趋光性：将种子分别种在不透光的瓶子里，在瓶子的不同位置挖几个孔，让幼儿观察种子的芽从有亮光的孔生长出来。

其他

- 找空气：提供塑料袋让幼儿用塑料袋装空气，捏紧袋口，摸一摸、压一压袋子，感觉空气的存在。
- 瓶内吹气球：将气球塞到塑料瓶中，然后用力吹气，试着将气球吹大，看看和我们平时吹气球的感觉有什么不同。
- 不落的纸张：将玻璃杯装满水，小心地把卡纸放在杯口上，一手托住杯子，一手按住卡纸，快速地把玻璃杯倒过来，将手从卡纸拿开，卡纸依然附着在杯口，水也没有流出来。因为杯子外的空气压力比水的重量更大，顶住了卡纸，托住了水的重量，不让水溢出来。
- 悬浮的小球：电吹风口向上吹出的强风会在上方形成一股空气流，如果往其上方放置乒乓球、泡沫块等较轻的物体，会出现悬浮的现象，这时还可让幼儿把手放在出风口上方感知气流。此例适合在大班玩，玩时须提醒幼儿注意安全（如图3-91）。

图3-91

实例

●吸管运水：将吸管放到水杯里，再按住吸管顶端，把吸管拿出水面，你会看到在吸管中有一些水，将吸管移到盘子上，把手指从吸管上松开，水就流到盘子里了。

●溢不出的水：准备一只玻璃杯，一些硬币，先将玻璃杯倒满水，但不要溢出来，然后小心翼翼地把准备好的几枚硬币一个接一个地放到杯子里，水的表面好像有一张看不见的透明塑料薄膜，水杯里的水稍微高出杯子边缘，却不会流出来。还可往杯里舀入些食盐，杯中的水依旧不会溢出，但滴一滴洗洁精，水就马上溢出杯子了。

●虹吸：准备一根塑料管、两个大水瓶，有水的瓶子放在高处，没水的瓶子放在低处，塑料管一头放在有水的瓶里，一头放嘴里把水吸出，然后迅速用手捏住吸口，并放到低处的水瓶中，松开捏住塑料管的手指，水自动流到低处。

●水的压力：用小锥子或工字钉在矿泉水瓶上自上而下竖着扎三个孔，往瓶子里灌满水，观察三个孔喷出的水流是否一样。最上方喷出的距离最近，最下方喷出的距离最远，这是因为孔的位置越低，孔附近水受到的压力越大。还可在瓶底扎几个孔，观察水流出的状况，如果把瓶盖旋紧，水会不会流出来呢？小朋友们试试看。

●晴雨花：用粉红色的皱纹纸制作两朵小花，将其中一朵放在饱和的浓盐水中浸泡后晾干，与另一朵花一同放置在气象角中进行比较。天晴时两朵花的颜色一样，将下雨时，由于空气中的湿度较大，被盐水浸泡过的小花会吸收空气中的水分，颜色加深。教师可指导幼儿根据花的颜色预测晴雨变化。

●有趣的光斑：拿小镜子对着太阳光，将阳光反射到墙上，这时墙上便会出现与镜子形状相同的光斑，幼儿可以玩拍光斑的游戏。如果把图形贴在镜面上，如汽车、小花等，墙上的光斑内也会映出相同的图案。如果将镜子放入水盆中对准太阳光，待水盆中的水静止后折射到墙上的便是一个彩虹般的光斑，甚是好看。

●纸片燃烧：提供放大镜和纸片，将放大镜对准太阳，在镜下聚光的地方放一张纸，观察纸片随温度升高而烤焦甚至燃烧，感知光的能量。

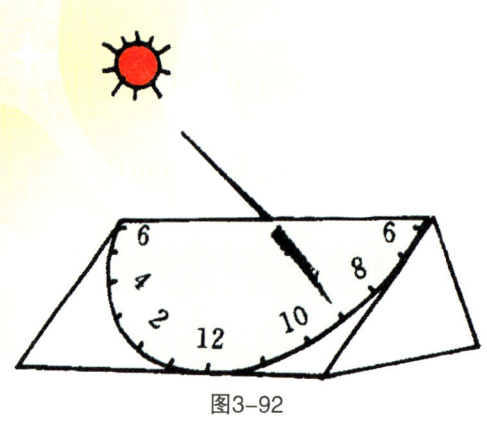

图3-92

● 太阳钟：用纸板制成一个三角形支架，在三角形的侧面画上半圆，从顺时针方向标上时间（从早上6点至晚上6点）并在半圆的圆心处粘上一根垂直于钟面的纸棒，一个太阳钟就做好了。把太阳钟放到太阳下，将指针的影子调到当时时间的刻度，便可从影子的变化了解时间（如图3-92）。

● 多面镜：将厚纸板对折，安上两块镜子，在镜前放置一物，可从镜中看见多个同样的物体。开启厚纸板的角度不同，镜中的物体的数量也不同。如果在两面镜的基础上再加上一面镜，就成为三棱镜，放在彩图上，稍加移动，从镜内可以看到类似万花筒的效果。

● 望远镜：提供望远镜让幼儿观察远处的景物。

● 摩擦生静电：提供绸布、皮毛、绒布，以及塑料棒、玻璃棒、金属棒、木棒等摩擦物，让幼儿摩擦，有些摩擦物发热后能吸起碎纸屑、毛发等，让幼儿观察什么材料会因摩擦产生静电。

● 提供电珠、电线、电池、电池盒，让幼儿自己安装电路，使小电珠亮起来。开始时可先提供一节电池，待幼儿掌握后再增加电池、电珠、电线的数量，让幼儿做串联和并联实验。

● 铁屑画：将磁铁棒装进塑料袋在沙中收集铁屑，磁铁吸附铁屑后放到盒子里（需用比较薄的纸盒），拿出塑料袋里的磁铁，铁屑就自动掉落在盒子里。再准备一块或几块磁铁，放在纸盒下，用手轻轻来回移动纸盒，铁屑在纸盒上形成图案。

● 翻跟斗的胶囊：将小铁珠放进装药的空胶囊内，再放在大垫板上，倾斜大垫板胶囊就会往下翻滚。

● 坐滑梯的玩具：将玩具放在板上，调整板的倾斜度，使之滑下，观察不同斜度玩具下滑的速度，感知斜度越大玩具下滑速度越快。

● 反弹的弹珠：将玻璃弹珠放在光滑的地面上，用食指在弹珠上往后下方用力，弹珠便向前滚出，但滚出一段距离后，弹珠又会自动往回滚。食指用力的方向不同，弹珠滚动的方向也不同。还可以让幼儿探索弹珠滚出的距离与用力大小的关系（如图 3-93）。

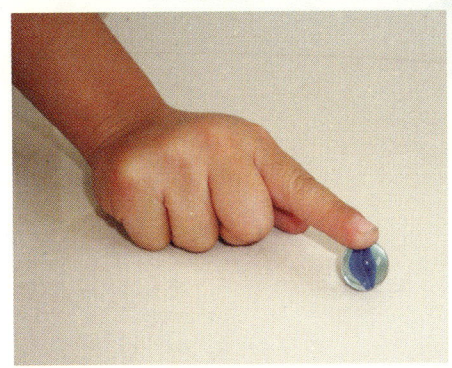

图3-93

● 上升的乒乓球：准备一个乒乓球和一个大口塑料瓶。将瓶口倒扣在乒乓球上，张开五指抓住塑料瓶的底部，以画圆的形式转动瓶子，越快越好，乒乓球由瓶口螺旋似往上升，只要瓶子不停地转，乒乓球便会随着转动的瓶子在瓶壁上绕圈而不会掉下来。幼儿熟练掌握技巧后，还可以一边转动着瓶子一边走动（如图 3-94）。

图3-94

● 手弹枪：左手拇指与食指张开成"r"字形，右手将一根扎头发的橡皮筋扣在左手拇指和食指上，中间交叉后往后拉，并套上一个纸折的子弹，松开右手，借助橡皮筋反弹的力，将纸弹射出（如图 3-95）。幼儿可通过此游戏感受橡皮筋的弹力，既简便又好玩。

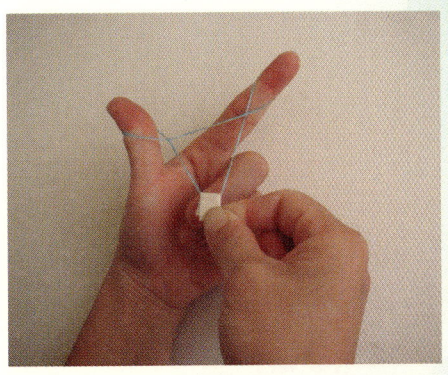

图3-95

● 有趣的陀螺：寻找生活中各种玩具材料制作不同的陀螺，看看它们旋转得如何，哪种形状的陀螺最稳定。

沙水区

爽滑流动的水，柔软细腻的沙，是最原始易得的材料，能给幼儿带来独特的触觉感受。在自由自在的沙水活动中，孩子们可以用自己喜欢的方式任意探索、尽情玩耍，既练习了大小肌肉动作，又感受到沙水的特性，在充满乐趣的活动中获得情绪上的满足和宣泄。

成人或许会认为沙水会弄脏弄湿衣服，或担心不卫生引起疾病而不让幼儿玩。其实，沙水这一天然的材料，能给幼儿带来无穷乐趣，任何一个孩子，都对玩沙玩水有着与生俱来的喜爱与热情。家长应多带幼儿到户外玩沙水，幼儿园也应创造条件设立沙水区。

理想的玩沙玩水环境是在户外设立沙水池，这样不仅可以容纳较多的幼儿，而且能让幼儿玩得尽兴。园舍小的幼儿园可以在空气流通的地方放置沙水箱供幼儿玩。设置沙水池时，教师须注意池内的沙水必须是清洁的，沙要筛过，去除掉杂物和玻璃碎片；沙池要经常翻晒并洒些水，以保持一定的湿度，不致尘土飞扬；沙池的附近应摆放扫把，以便随时清扫撒落在池外的沙；水池或水箱的水应经常更换，并时常清洗池底；在水池或水箱边应摆放拖把和抹布，以便随时擦去溅出来的水，以免幼儿滑倒。

玩沙活动可分为玩干沙和玩湿沙两种。干沙细滑、松散，可以堆、筛、倒，但玩起来尘土较多，宜用清水沙。湿沙略有黏性，容易垒建、倒模、修筑，在干燥的天气，沙池中的灰尘较大，应事先浇些水保持湿度。天气暖和的季节，幼儿可脱了鞋袜赤脚在沙池中玩耍。另外，可在沙池内放几张小椅子或大鹅卵石，让幼儿坐着玩。

玩水活动可利用水池、水盆或盥洗的水槽来进行。水池的深度一般约为25厘米。玩水活动一般安排在天气暖和的季节，每次玩水时间不宜太长。夏天在戏水池中玩时，不妨让幼儿脱去鞋子光脚丫在池中自由玩耍，他们可以玩得更畅快。幼儿对水龙头或莲蓬头的水流往往很感兴趣。因此，可能的话，让幼儿穿上泳衣、戴上泳镜，用橡皮管互相喷水、打水仗（如图3-96）。这些开心的玩法会带给幼儿全新的感受，相信那些性格内向的幼儿在其中也会活泼开朗起来。

图3-96

在农村，可将沙水活动扩展到园外。清澈见底的小溪和溪边的沙土正是天然的沙水池，溪中形态各异的石头、游动的小鱼虾、飘荡的水草，更增添了玩耍的情趣，让幼儿享受到大自然隽永独特的魅力。岸上树叶、竹子、野花、野草、石头、瓦片等等都是大自然赐予的最佳辅助材料。情趣盎然的沙水游戏往往令幼儿流连忘返。幼儿在大自然中，天真纯朴的性情会得到最充分的表露，您将会惊喜地看到一幅幅幼儿与自然融为一体的生动画面。总之，幼儿园沙水活动可因地制宜、就地取材。

图3-97

为了便于开展多种多样的沙水活动，教师可为幼儿提供一些活动工具或辅助材料，如小桶、小铲、洒水壶、筛子、耙子、量杯、瓶盖，人物、动物、建筑物模型，树枝、花草等。为防止幼儿弄脏、弄湿衣服，可为幼儿做一件防沙、防水的塑料小背心。如将较厚、较大的塑料袋底部封口剪开即成一件小背心（如图3-97）。

沙水活动中幼儿自由玩耍，它没有固定的玩法，在无危险的情况下，幼儿可依据自己的喜爱随意玩。因此，教师不必过多地干预，只需在一旁观察，看看幼儿是否能与他人友好合作，是否能发挥想象力。教师可在适当的时候向幼儿提些问题，引导他们玩出更多的花样。如发现幼儿因活动单调而无法延伸时，教师可通过问答加以启发。例如：

"小朋友们，你们堆的是什么？"

"是一座山。"

"瞧，它挡住了汽车的去路，怎么办呢？"

"哦，我们可以在山上开条公路。"

"老师，我们还可以在山底下挖条隧道。"

要使沙水活动安全顺利地进行，教师事先应明确地向幼儿交代安全活动的要求，引导他们共同制订一些规则。如：玩前要卷好衣袖，揩净鼻涕；玩时不要用手揉眼睛，不能把沙水撒向他人，更不能洒进他人眼睛；玻璃及易碎物品不许放入沙水池中；结束时，要在沙池中把身上的沙子抖干净等。

活动后的收拾整理对幼儿来说也很有意义。它能帮助幼儿认识到整洁的环境对生活的影响。由于沙水活动可以不断地延续，建议教师在活动结束前几分钟，提醒幼儿准备结束，这样幼儿不必匆忙不舍地放下手中的工作。总之，若能给幼儿足够的整理时间，增添收拾活动的趣味性，他们定能干得很出色。我们会发现沙水区的活动虽然忙碌，却是井然有序、充满欢乐。

玩沙

● 徒手玩沙：用手任意地挖、堆、拍、掏、印，让沙粒从指缝中漏下，或光着脚在沙上踩、印脚模等。让幼儿感受沙子松散的特点和干、湿、粗、细不同沙粒的特性。

● 挖"地雷"：幼儿可分两组进行游戏，一组幼儿将弹珠或石子埋入沙中（记住埋了多少个），另一组幼儿将其挖出来。

● 收集铁砂：把磁铁放在塑料袋里，手抓住袋口将套着塑料袋的磁铁放到沙里吸铁砂，吸附上铁砂后，将塑料袋放在报纸上，取出磁铁，铁砂就自然落入报纸中，再将其收集起来。

● 利用工具玩沙：玩沙的工具包括铲、筛、耙、拍板、模子、漏斗、量筒等。这些工具可利用废旧物品或毛竹自制。幼儿可用竹筒、漏斗、量杯等来回倾倒沙子，用树枝在沙上画画、写字，用瓶盖、竹节等做"糕点"，用筛子筛沙石，用拍板拍实沙子……

- 利用辅助材料玩沙：幼儿的沙土游戏若配上各种辅助材料，将使活动更为丰富。教师可提供各种瓶、盒、石头、树枝、花草、竹片，塑料小人、小动物等辅助材料，借助这些材料，幼儿的玩沙形式会千变万化，层出不穷。如堆山、修路、开沟、筑城堡、建公园（如图3-98）。

图3-98

玩水

- 用手任意搅水、泼水或在水池中舀水、倒水等，感知水没有固定形状、会从高处往低处流动以及水的重量、体积等基本特性。在水中加入洗洁精，用树枝搅动，幼儿会有新奇的发现和愉悦的体验。

- 在水池中投入带铁圈的塑料小鱼、小虾，让幼儿用鱼钩或磁铁钓出。也可放入鲜活的水生动物（如泥鳅、蝌蚪、螺蛳等），让幼儿用辅助工具，如捞瓢、纱网等将其从水中捞出或夹出。

- 用漏斗、水勺、毛竹等，来回倾倒水，感知水的流动性和容量等概念（如图3-99）。

- 用塑料袋盛水，捏紧袋口挤压塑料袋，或将盛满水的袋子扎上许多小孔形成小喷泉。

- 在荷叶或芋头叶上滴上几滴水珠，来回倾倒让水珠汇合，感知水珠由小到大的变化。

- 在农村可带幼儿到较浅的小溪中捕鱼、捞虾、摸泥鳅、捡螺蛳、钓鱼、打水漂、开渠引水、用沙筑"堤坝"、建"水库"等等。

图3-99

在温暖的季节里，还可以带上小桶、肥皂、手绢到小溪边玩肥皂泡、洗手绢。

● 制作玩具小船、竹排，放入小溪中，让其自由漂流，比一比谁的小船漂得最快。

● 在寒冷结冰的季节，用透明的小容器盛水，并在水中放些颜料或彩色纸屑，第二天看看水会发生什么变化。不结冰的季节或地区可以放在冰箱里制作。

● 用各种办法，把冰块变成水，如太阳晒、自然融化、用手握住小冰块等，观察并感受冰块的融化。

● 盐、糖、面粉、沙子、肥皂粉等分别放在水杯里，通过摇匀、搅拌，观察物体的溶解，了解怎样加速溶解，知道哪些东西能溶于水，哪些不能溶于水。

● 用热水加入少量肥皂，制成肥皂溶液吹泡泡。若加入一点甘油，则能吹出更大的泡泡。可以吹泡中泡：在盘中装一些肥皂泡液，用麦秆或吸管的一头吹肥皂液，吹出一个大泡后，将吸管移出，再将吸管插入大泡中吹出一个小一点的第二层泡，按此法吹出第三、第四……层泡。也可以吹大泡泡：在干净平滑的桌面或玻璃面上倒一些肥皂液，一人用吹管先在桌上吹出一个大泡泡，另一人用一头沾上肥皂液的吹管，轻轻地接触肥皂泡，两人共同吹出一个大泡泡。还能在阳光下观察肥皂泡的五彩颜色。

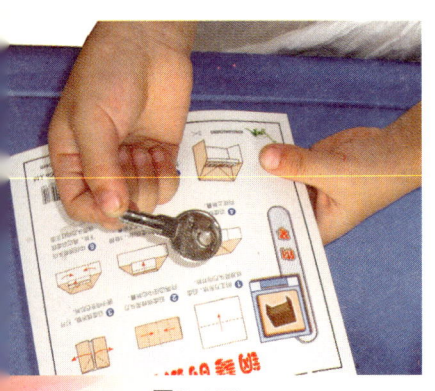

图3-100

● 准备一些带孔的物品，如小孔钥匙、回形针、小铁圈等，将小孔部位放入水中蘸一下拿起，小孔上的水便形成一个水膜放大镜。可用这种放大镜观察小字、衣服上的纹路等（如图3-100）。

● 用易于弯曲的细铁丝或电线弯绕成各种立体形状，如小房子、眼镜、花篮、盒子等。把它们放进较浓的肥皂水中再取出，展现在眼前的就是一个个玲珑剔透的水晶物体。

运动区

运动区满足了儿童活泼好动的天性，发展了走、跑、跳、投掷、平衡、攀登、钻爬等基本动作，让幼儿在快乐的运动中增强体质，协调动作，促进身心健康成长。

运动区需要较大的活动空间，其活动场地大至操场、草坪、露天阳台，小至走廊。教师可根据场地投放相应的运动器械。如攀、爬、钻、荡等大型的运动器械宜放在操场上，拳击、拍球等小型简单运动则可投放在走廊或楼梯间。当然，有条件的园所还可以设置专门的室内运动室，供幼儿在雨天或烈日时运动。另外建议在运动场地周围设立存放器械的小屋，制作一些小推车，按类摆放运动器械，方便幼儿取用。

运动区场地划分要合理，以运动时互相不碰撞干扰为原则。可以把滑梯、攀登架、平衡木等运动范围小的器械安置在场地的周边位置，避开走、跑、跳等容易碰撞的运动；同时也腾出较大、较完整的空间，供幼儿集体游戏和做操。高大的运动器械必须安放在柔软的草地、泥沙地上，或在器械下垫上软垫，且要勤于检查保养，及时维修。不同年龄的幼儿运动项目应有所不同。年龄小的幼儿喜欢独自活动，可以多提供一些投掷、跑跳或攀登等活动器械。大一些的幼儿可以开展跳"房子"、抛接球、踢毽子等合作类活动。年龄更大一些的幼儿则可提供难度较大或需共同配合、分工协作的活动，如舞龙、踢足球等。

运动区安全工作尤为重要，教师应从各个角度予以重视，消除不安全因素。运动前，应教给幼儿安全知识，增强幼儿自我防护意识。运动中要防止幼儿过于兴奋、发生争执、互相碰撞等，同时要从情绪、脸色、出汗量等方面来观察幼儿运动的体能表现，合理调整运动量，以幼儿运动时精力充沛、情绪愉快、脸色红润、微微出汗为宜；过度兴奋、浑身冒汗、脸色发白、身体疲乏为过度。运动区应根据季节特点，科学合理地安排活动时间、活动场地和活动内容。注意在极端天气时，避免中暑与冻伤。

运动区活动应自由、无压力，少用竞赛的形式，让那些胆怯和能力弱的幼儿也敢大胆参与。教师要针对幼儿的弱项，有意识地引导他们选择相应的运动内容，以加强锻炼，促进每个幼儿在原有水平上有所提高。

走

● 走线：在教室、走廊或户外平整的地面上画直线、曲线、圆形或方形，让幼儿听音乐走线。随着幼儿运动水平的提高，可两手侧平举走、脚尖碰着脚跟走、手持水杯走、头顶沙包走、学小动物走、学螃蟹横着走、用乒乓球拍托乒乓球走等等。除了踩线走，还可以踩点走、绕桌子走等。

● 跨步：在场地上画一道起跑线、一道终点线，两位幼儿站在起跑线后面，以"锤子、剪刀、布"定输赢，赢者向前跨一大步，以此类推反复进行，先到终点线者为胜。

● 走"高跷"：在直径10厘米、高10厘米左右的竹节或空易拉罐的口径两端，对称钻两个孔，穿上一根结实的带子，做提线"高跷"；也可在竹节上端直接留下一段做"高跷"的提手（如图3-101）。幼儿手提带子或握住提手上端，脚踏竹节或易拉罐平稳地走。提线"高跷"用后要两个一对将绳子打一个活结，放在或挂在固定的地方，这样便于下次使用。

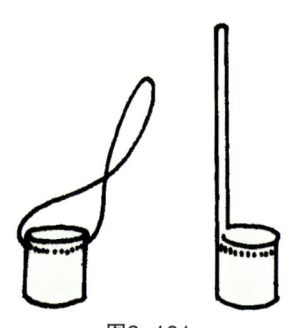

图3-101

● 吸"小铁人"：请一位幼儿头戴红帽或其他标志当"小磁人"，若干幼儿当"小铁人"，在场内四散走。"小磁人"碰到谁，谁就被吸在一起（手牵着手走），再一起去吸别人；被碰到的"小铁人"又吸在一起，直至吸成一长串后，游戏更换角色重新开始。

跑

- 放风筝：用一根线扎住塑料袋提手拉着跑，会有放风筝的情趣。
- 踩影子：在阳光下，幼儿相互追逐踩对方的影子，同时又要迅速躲闪，不让别人踩到自己的影子。
- 揪"尾巴"：每人身后裤腰上夹一根布条当"尾巴"，幼儿互相追逐，设法拉下别人的"尾巴"，又要防止自己的"尾巴"被别人拉下。也可以用布制成"老鼠"，请一位幼儿拖着"老鼠"跑，其他幼儿在后面追着踩"老鼠尾巴"。注意"尾巴"不能夹得太紧，以免幼儿踩到时摔倒。
- 推圈跑：可用粗铁线做成弯钩，推着竹圈或塑料圈、铁圈向前跑，也可用手推着轮胎、竹圈向前跑（如图3-102）。
- 快速跑：两个幼儿拉住一块较大的布往上抛，当布抛起时其他幼儿则迅速从布下穿过，尽量不被布罩住（如图3-103）。

图3-102　　　　　　图3-103

- 走竹圈：如图3-104做一个比幼儿高的竹圈，幼儿脚踏在竹圈边上往前走。
- 捉光斑：用镜子反射太阳光的光点，晃动镜片，移动光点，让幼儿追逐着去捉光斑。
- 捉泡泡：由一个幼儿在场地上吹肥皂泡，其他幼儿追逐着捉肥皂泡。注意玩后要洗手。

图3-104

跳

● 摸高跳：在两棵大树或两根柱子之间系上绳子，绳上挂着各种玩具，高度以幼儿纵跳能够触及为宜，让幼儿纵跳触物，练习弹跳。

● 跳皮筋：将长 3 米左右的橡皮筋或松紧带两头接起来，分别套在两位幼儿的脚踝上，撑开距离，让其他幼儿练习单脚或双脚跳进跳出，还可随着歌曲跳皮筋操或逐渐增加皮筋的高度。

● 跳绳：绳不仅可以自抡自跳、两人抡一人跳或多人跳，还可以将绳摆成一条直线让幼儿练习左、右侧跳（如图 3-105）。

● 跳"小山"：将硬纸板对折，架在地上当"小山"，让幼儿从"小山"上跳过（如图 3-106）。

图 3-105　　　　　　　　　　图 3-106

● 跳马：将废旧轮胎的一半埋入土中加固，幼儿在轮胎上练习跳马（如图 3-107）。

图 3-107

投掷

- 投"飞镖":用木夹夹上布条、纸条或草制成木夹"飞镖",将布条塞进废旧笔杆中制成笔杆"飞镖",让幼儿用"飞镖"练习或比赛投远、投准。

- 抛"飞碟":"飞碟"通常有布"飞碟"、塑料"飞碟"和高压锅圈"飞碟"等。幼儿四指在下,拇指在上,握住"飞碟"往远处抛。

- 丢石子:在地面上画一个直径10~15厘米左右的圆圈,放进石子若干,幼儿站直,将手中的石子瞄准地面上的石子扔下,被击中的石子归其所有,若未击中则换一个人玩,最后比一比谁得到的石子多。也可用各种豆子、果核等进行游戏。还可用筷子垂直往一箱空酒瓶或空矿泉水瓶的口里扔,扔进瓶口里为胜。

- 掷沙包:如图3-108所示布置场地,每个投掷区都标上数字,让幼儿用沙包投掷,投中区域的数字就是所得的分数。

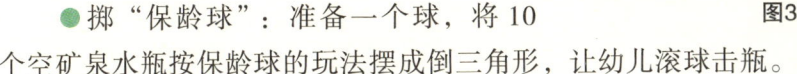

图3-108

- 掷"保龄球":准备一个球,将10个空矿泉水瓶按保龄球的玩法摆成倒三角形,让幼儿滚球击瓶。

- 镜后投球:准备一面镜子、一个纸箱、若干个纸球,让幼儿背朝纸箱,通过镜子观察身后的箱子在哪里,然后将纸团向后投向纸箱。

图3-109

- 甩"球":将碎布或棉花等填充物塞进水果包装网内,用细绳把两头扎紧,其中一头留下约40厘米长的绳(如图3-109),让幼儿拿绳将"球"甩着玩,也可将"球"挂在高处让幼儿练习跳高拍球。

- 打水漂:带领幼儿到小河边或小溪边,让幼儿捡瓦片或薄石片,侧身弯腰,将手中的瓦片撒出去,看谁的瓦片接触水面跳起的次数多。

- 捕"老鼠":取一个易拉罐顶起网罩,放在场地一端(如图3-110),让幼儿拿易拉罐或球当"老鼠",平滚进罩,以罩盖下为胜。

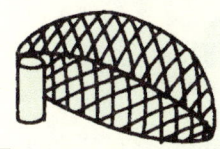

图3-110

● 打拳击袋：将碎布头、棉絮等填充物塞入 30~60 厘米长的大布袋中，然后将口扎紧制成拳击袋，悬挂在柱子边或是楼梯的转弯处，幼儿随时可以过去击打一番。

平衡

● 踩绳：在地上放一条绳子，让幼儿踩在绳上从一端走向另一端。为增加难度还可让一个幼儿手拉住绳子的一端，贴着地面左右摇动，另一个幼儿脚横着踩住另一端，一步一步地走向对方（如图 3-111），踩不住为输，踩着走到对方面前为胜。摇绳的幼儿不能用力向后拉，以防踩绳的幼儿摔倒。

● 走"小桥"：将一块长条木板平稳地架在 20~30 厘米的高度上，让幼儿练习平衡走，还可让幼儿沿着花坛边走。在农村，带领幼儿走田埂也是一种有趣而简易的平衡练习。

● 坐跷跷板：将长板凳倒置于门槛或圆木上即成简易的跷跷板。幼儿坐在上面能自得其乐（如图 3-112）。

图3-111　　　　　　　　　图3-112

● 踏墩：可用直径 15~20 厘米、高 10~30 厘米的木墩、水泥墩、竹节、砖块，或用轮胎埋在地下做墩，摆放距离可由密到疏，也可以无规律地摆放在场地四周。墩的直径有大有小，墩的高度有高有低。总之，墩要有变化，让幼儿进行不同难度的平衡练习（如图 3-113）。

实 例

图3-113

- 坐轮胎木马：将较大的废旧轮胎清洗干净，对半截成两个半圆形，刷上色彩鲜艳的油漆，就制成简易好玩的轮胎木马（如图3-114）。

- 滚球：在报纸或包装纸的中间剪一个乒乓球大小的洞，两个幼儿抓住纸的四个角，将乒乓球放在纸上滚动，尽量不让球滚进洞里。

图3-114

- 托棒：提供长80厘米左右的木棒，将木棒竖立在自己的手掌上尽力设法保持其平衡，持续的时间长或行进的距离远者为胜。

钻爬

- 爬梯：用软绳、竹子制成梯子供幼儿攀爬（如图3-115）。

- 攀爬：将废旧轮胎叠高中间填上泥土，将铁链一头固定在小山坡上的树干上，或用杉木条钉成六边形攀登架，供幼儿攀爬（如图3-116）。

图3-115

147

图3-116

● 将一大张纱网固定在一定高度，或在树木之间用绳子织成网，幼儿可在网下匍匐爬行（如图3-117）。

图3-117

民间游戏

传统的民间游戏曾给我们带来多少童年的欢乐！这些游戏在今天的幼儿园同样有推广的价值。民间游戏内容丰富、形式多样、简便易行，有的是徒手进行的，有的只需十分简单的材料。如一粒石子、一根绳子，这些随处可得的东西便可使游戏开展起来。民间游戏往往不受场地、时间和年龄的局限，具有很强的趣味性。例如踢毽子，不论年龄大小都能玩，年龄小的幼儿在毽子上系一根绳子，用手拎着踢；年龄大的幼儿则可直接踢，还能踢出许多花样来。跳"房子"则更为简单，只要用树枝或瓦片在地上画上几格，就能进行单脚跳和双脚跳，乐趣无穷。提起这类民间游戏我们倍感亲切,让我们在此将这些广为流传、富有乐趣的游戏传给今天的幼儿吧。

● 挤"油渣":寒冷的冬天,几个幼儿靠墙而立,用肩部力量向中间挤,被挤出的人向旁边跑去,再向中间挤,如此反复进行。如果让幼儿边念儿歌边游戏,更能增添情趣,并培养协作精神。

附儿歌:

挤油渣,挤油渣,

挤出油来做糍粑。

● 拉"大锯":两人对坐,双腿自然盘屈,双手对握,随儿歌节奏做拉锯似的前俯后仰动作。

附儿歌:

拉大锯,拉大锯,

今晚村里演大戏,

你也去,我也去,

大家一起去看戏。

● "堆馒头":游戏者边念儿歌,边轮流伸出右手大拇指(其余四指呈抓握状),第一人伸出后,第二人握住第一人的拇指,第三人握住第二人的拇指……直到最高处。

附儿歌:

堆馒头,堆馒头,

馒头堆得高又高,

香喷喷,喷喷香,

大家吃了笑哈哈。

● "木头人":参加者两人念儿歌,儿歌念完后,立刻静止不动,不说不笑地对视,谁先忍不住动了或笑了,就算输。

附儿歌:

山上有个木头人,

不会说话不会动!

● "瞎子"摸"拐子":可多位幼儿共同参加游戏。一人用手帕蒙住眼睛当"瞎子",一人用左手抓住左小腿当"拐子"。游戏开始,"拐子"吹口哨,其他幼儿在一定范围内四散跑开,"瞎子"听声去摸"拐子",若"拐子"被摸到,双方对换角色,其他人被摸到就退出游戏,下一轮再玩。

● 接"龙珠":将长为40~50厘米、直径为10厘米的毛竹对半劈开,打去竹节制成一个半圆形管道。若干幼儿站一排或围成环形,每人手持一节半圆形管道,将乒乓球或较圆的小石子放在竹管上,倾斜竹管,使之滑落,另一幼儿用竹管接住(如图3-118),依此传接,球掉落地上为输。

图3-118

● 接力传火炬:用矿泉水瓶做火炬托把,将红色乒乓球放在瓶口上当火焰,若干幼儿手握矿泉水瓶,传递火炬时瓶口对接,将乒乓球传递到下一位幼儿的瓶口上,传递时不能用手帮助,但可用口吹。

● 扎手绢:几位幼儿手拉手,围成一个圆圈。甲、乙两位幼儿在圈外相对的地方分别将手绢扎在圈上幼儿的手腕上,然后以最快的速度往顺时针方向跑,将对方扎的手绢解下,分别扎在前一位幼儿的手腕上,扎好再往前跑去解前面的手绢……若另一幼儿还未扎好就被追上则为输者,与被扎幼儿换位,游戏继续开始。

● "切西瓜":几位幼儿手拉手围成一个大圆圈(做"大西瓜")。一位幼儿做"切瓜人",边念儿歌边绕着圆圈走,并逐个在幼儿互拉的手上做"切瓜"的动作,念到最后一个字时,将身边两位幼儿拉着的手切开,然后站在被切开的位置。被切到的两位幼儿则必须立即朝不同方向跑一圈,再回到原位,先到达原位者即为再次游戏的"切瓜人"。

附儿歌：

　　切西瓜，切西瓜，

　　切开一个大西瓜。

● "红灯、绿灯，马上开灯"：请一位幼儿背朝众幼儿做开灯者，站在场地的另一端，众幼儿朝前随意行走或做各种姿势的动作。当开灯者大声说完"红灯、绿灯，马上开灯"转回头时，众幼儿必须立刻如木头人一般静止站立，直至开灯者再转回头。若在此期间有人控制不住而动了，则退出游戏。游戏反复进行，谁能坚持到最后一个则为胜者，然后由胜者当开灯者。

● 地雷爆炸：游戏前先用猜拳决出一个幼儿为追逐者，其余幼儿为逃跑者。逃跑者可以四散跑，追逐者只要能捉到一个人就算胜利。逃跑者保护自己的办法就是，快被捉住时，可以立即蹲下说"地雷"，追逐者就必须停止追他，另找目标追逐。而"地雷"只能原地不动地蹲着，等其他逃跑者拍一下他，并喊"爆炸"，才被解救，继续做逃跑者。被捉住者为第二轮游戏的追逐者。

● 老鹰捉小鸡：游戏时，选一人当"老鹰"，另选一人当"鸡妈妈"，其余幼儿当"小鸡"，一个接一个地拉住前一位的后衣摆接在"鸡妈妈"后面。"鸡妈妈"带着"小鸡"左右躲闪，躲避老鹰捉拿。被捉的"小鸡"要自动退下。

● 舞龙灯：利用稻草、竹筒、纸盒、雪碧瓶，制作一个"龙身"，再分别单独做一个"龙头"和"龙尾"，用小竹竿或木棍插进"龙头""龙身"和"龙尾"，让幼儿举着舞龙灯（如图3-119）。

图3-119

图3-120

还可利用废旧红布条缝上一个狮子头,四五个孩子双手举着舞狮子(如图3-120)。

● "孵小鸡":游戏者中选一人当"鸡妈妈",坐在凳子上,凳子下放几个"蛋"(可放石头代替),表示"鸡妈妈"正在"孵蛋"。其余游戏者做"耗子","耗子"在"鸡妈妈"身边钻来钻去,伺机取"蛋"。"鸡妈妈"可以自由转动保护身体下面的"鸡蛋",但不能离开凳子。"耗子"伸手取"蛋"时,"鸡妈妈"要迅速拍"耗子"的手臂,被拍到的"耗子"就不许再取"蛋"。游戏可玩到"鸡蛋"被取完为止。

语言区

语言是表达与交流的工具，也是幼儿从蒙昧走向智慧的阶梯。爱因斯坦在研究了语言和思维的关系后，曾下结论说："一个人的智力发展和他形成概念的方法，很大程度上是取决于语言的。"语言是智力发展的第一因素，它伴随人的一生，也服务于人的一切活动。婴幼儿期是语言发展的关键期。对于成长中的幼儿来说，语言发展尤其是口头语言的发展是十分重要的。

在幼儿园设置语言区，融听、说、读、写于快乐的活动中自然习得语言。这不仅有助于幼儿口头语言表达能力的提高，也为学习书面语言打下良好的基础。其实幼儿对语言的理解与掌握依赖真实的语言情境，日常的言语交流是幼儿学习语言的重要途径，因此，除了在幼儿园里学习语言外，建议家长多与孩子亲密交流，孩子依偎在父母身旁，倾听着父母温柔的话语，既感受亲情，又学习了语言。但要注意的是家长的表达要尽量准确，给幼儿正确的示范，不说儿语，免得日后需要纠正。

值得提醒的是家长不要认为孩子写字才是学本领，其实幼儿阶段写字并不重要，过早写字往往会因为小手肌肉尚未发育好而握不好笔，造成握笔姿势不正确，终身难改。幼儿阶段所说的前书写是指入小学前的书写准备，重在培养孩子的书写兴趣和正确的握笔方法及坐姿，因此，家长不要让幼小的孩子过早写字，培养口语表达能力，适当识字，体验书写乐趣才是最重要的。

而识字方面，以自然习得为原则。其实孩子很小就可以识字，这是有生理和心理依据的。婴幼儿对图形的辨别能力很强，而我们的汉字就像是一些图形，孩子学习汉字是把它当作图形来认识和记忆的，可以说对图形的辨别力是孩子识字的基础。识字是早期阅读的基础，早识字可

使孩子更早地进入自主阅读，从而获得更多的信息和知识。但教孩子识字不能把它当作学习任务来完成，而是要把它作为愉快的、类似游戏的活动。识字的内容不一定要从笔画少的字开始，因为字与字之间的差别越大越容易辨认。我们可以有目的地进行识字活动，也可以在日常生活中随时随地进行，能认几个就认几个。

听说

听是一种接纳信息的活动，说是口头语言表达的过程。听和说具有传达信息、交流情感、表达要求等功能。发展幼儿语言的关键是创设一个能使幼儿想说、敢说、喜欢说、有机会说并能得到积极应答的环境。听说游戏以培养幼儿良好的倾听习惯和运用语言、道具大胆地表达为目标。因此，听说游戏首先要有趣，能吸引孩子主动参与。

针对幼儿直观形象的思维特点，听说游戏一定要提供实物，借助图片、玩具、实物等引发幼儿倾听和表达。同时，教师要注意为幼儿营造平等、融洽、自由的精神环境，关注每一个幼儿，特别要关注内向或有语言障碍的幼儿。有一些听说活动，可事先请孩子在家中准备好。如"新闻播报""介绍我喜欢的玩具"等，让幼儿有准备地说，自信地说。

活动室内可设置一个安全的私密空间，如小帐篷、悄悄话屋、聊天角等满足幼儿个别表达愿望。还可提供播放器、录音机等设备，让幼儿把自己以及同伴说的话或好听的故事录下来，播放和倾听。

在修订编写第三版《幼儿区角活动》时，我们将国学引进语言区，为什么提倡婴幼儿学国学呢？因为学国学不仅可以让孩子储蓄丰富经典的语言，而且可以让孩子从小就浸润在优秀传统文化的氛围里，潜移默化地吸收古圣先贤的智慧，提升孩子儒雅的气质，达到德行与语言双修的功效。

那么，如何学习国学经典呢？脑科学家告诉我们：孩子在0~13岁阶段，有天才般的记忆力！婴幼儿时期大脑具有海绵式吸收的特性，而且越小的孩子右脑越发达，也就是说越小的孩子无意识记忆功能越强大，

实例

只要反复地听，就能无意识地记下大量的词汇。蒙台梭利经过大量实验表明，孩子在"潜意识教育"中记忆惊人，一篇文章听 5~10 遍就有印象，听 20~30 遍很熟悉，听 50 遍，95% 的孩子可以背诵，听 100 遍孩子可以终生不忘。蒙台梭利把它称为"潜教育"。弗洛伊德把它称为"潜意识教育"。运用潜意识来进行国学经典教育，将事半功倍地达到自然习得的效果。这些经典储存在孩子的脑海深处，就好像在大脑里播种下一颗优良的种子，在孩子今后人生的发展中将发挥不可估量的作用。

国学经典听读有两种方式："无形熏陶法"和"有形学习法"。无形熏陶法即指我们利用国学机作为园内或班级的背景音乐反复播放，无论孩子在跑、在跳、在操作、在吃、在睡都可以播放，这种全天候的播放音量要调小一些，以不影响正常学习活动为宜。有形区角学习法是指将国学经典的内容渗透在语言区、表演区等区角活动中。如在阅读区投放相应的图书，张贴24孝图，播放德育教育故事等视频，也可设置一个专门的国学经典学习角。

图3-121

值得一提的是如果能将经典国学教育延伸到家庭，并持之以恒地听读，对幼儿终身的发展都非常有益。家长可为孩子提供优质的国学机，如阿尔发国学经典听读机，它是一款智能听读机，不仅精心编排国学、音乐、英语的内容，而且精心设计音箱，不损伤婴幼儿稚嫩的听力，只要孩子醒着都可以播放。作为背景音乐播放的国学机，除了指读外，不要求孩子有意识地坐下来听，而是利用右脑先天的潜意识优势，在无意识的状况下日积月累自然习得。

● 听经典国学：利用国学机提供背景音乐在班级小声地反复播放，每周更换一次内容，直至耳熟能详。

- 指读经典国学：边听国学机诵读，边一手按书、一手指着书上的文字指读（家庭可同步进行）。
- 读经典国学：在反复听的基础上跟着国学机诵读，熟练后幼儿坐成一圈，每人读一句或两句，如第一位幼儿读"弟子规，圣人训"，第二位接着读"首孝悌，次谨信"，以此类推往下接……
- 掏宝箱：用纸盒制作一个掏宝箱，中间挖个孔，将写有数字的纸条折好放入箱中。"弟子规"挂图贴在墙上，编上数字。幼儿从箱中抽一张纸条，根据上面的编号，指读墙上相应的《弟子规》段落。上台的孩子要行鞠躬礼，并介绍自己姓名，朗读什么内容，表演完要说"谢谢大家"，行鞠躬礼，走下台。此活动在经典朗读的同时，重点培养礼仪。若上台的幼儿诵读不熟练，台下的孩子可以一起说。
- "打电话"：提供两架电话，通过互相"打电话"培养幼儿的听说能力与兴趣。
- "录音播放"：两人一组面对面坐好，一人当"播音员"，一人当"录音机"。"播音员"说完一句，按一下"录音机"的"按键"（幼儿的手），"录音机"即将句子完整地"播放"（重述）一遍。此游戏可交换角色进行。
- 听指令做动作：两人或数人一组，一位幼儿当指挥，其他幼儿听指挥做动作。如指挥者说"鼻子"，其他幼儿就用手指鼻子；指挥者说"请你拍拍肩"，其他幼儿就要做出拍肩的动作。指挥者可越说越快，其他幼儿的反应也要随之加快。
- 传话游戏：幼儿坐成一排，第一位幼儿做发令者向下一位幼儿下达指令（说一句话或一个词），幼儿一个接一个地将指令悄声往下传，直至最后一位幼儿将指令说出，看看是否传得准确。
- 猜猜他是谁：全班幼儿每人说一句话（或讲故事、读儿歌等），教师将其录音下来，在语言区播放，让幼儿听听，辨认出是谁的声音。
- 听故事找错：在故事中编入一些错误的地方，讲述并录音下来，请幼儿仔细听并找出其中错误的地方。
- "电视播音员"：利用包装箱，制作一个可容纳一两位幼儿播音的大型"电视"，"电视屏幕"的高度以适合幼儿站立或坐着"播音"为宜。

实 例

鼓励幼儿在家观看电视节目，收集生活中的"新闻"与"信息"，积累有关经验，到新闻角的"电视机"里做"节目主持人"，播新闻、报天气、讲故事、宣传好人好事等（如图3-122）。

● "小小广告台"：教师可与幼儿一起收集包装盒、玩具等，开辟"小小广告台"，启发幼儿模仿电视广告或自编小广告，介绍自己熟悉的东西。

图3-122

● 玩具交流会：请幼儿自带一种自己最喜欢的玩具，向其他小朋友介绍自己的玩具，表达自己的愿望。如，一幼儿介绍说："我有一把神奇的手枪，它能发出多种声音，好玩极了。我想与小朋友交换小火车，谁愿意呢？"

● "小老师"：为幼儿创设一个简易"教室"，里面摆放几张椅子、一块黑板、若干近期教学用的彩色挂图或贴绒教具，让幼儿当"小老师"给小朋友们"上课"。

● 拼拼讲讲：为幼儿提供一些小图片，或从旧书籍中剪下一些内容有一定联系的图片，让幼儿按自己的思维进行拼图讲述。

● 木偶讲述：提供木偶、指偶、手偶、杯偶、信封偶、布袋偶、盒偶、背景图等让幼儿边操纵边讲述。讲述的内容可以是幼儿学过的儿歌、故事，也可以是幼儿即兴创编的儿歌、故事（如图3-123）。

 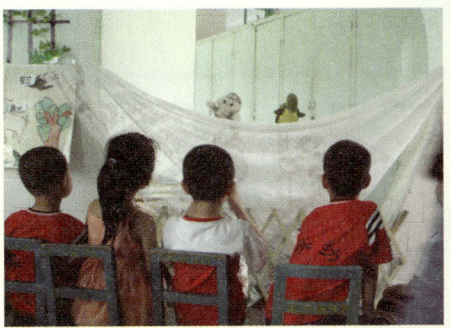

图3-123

●沙盘讲述：提供一个沙盘，在沙盘上设置一些故事的场景。将一些故事中的角色图片剪下，背后安上一根竹签，即可在沙盘上边操作边讲述故事。

●配音：准备幼儿熟悉的动画片，或经典片断，消去声音，由幼儿分配角色，自主配音。

●我说你猜：利用废旧扑克牌，在正面贴上幼儿熟悉的图案，可以按一定主题准备。如水果类：苹果、香蕉、菠萝、哈密瓜……学习用品类：铅笔、尺子、本子、橡皮……电器类：电视、冰箱、电脑、洗衣机……人物类：医生、护士、警察、教师、消防员……运动类：打乒乓球、打篮球、打棒球、踢足球、游泳……动物类：大象、孔雀、长颈鹿、猴子……一个孩子摸起一张牌，用描述性的语言描述图片上的图案，但不能说出图案的名称。如"一个人生病了，他要去医院找谁给他治病""有一种运动，是两个人在一张桌子上打的，每人各拿一个球拍，球是小小的，有弹力的"，其他的孩子猜，谁先猜出来，扑克就归谁。游戏可以两个人玩，也可多个人玩。同一种图案鼓励孩子从不同角度来描述。

●大吃小：利用废旧扑克牌，在正面分别贴上幼儿熟悉的不同主题的图案。如动物、人物、工具、食物等，图案准备得越多，其中的关系越复杂。此游戏可以两个人玩，也可多人玩。孩子依次出牌，能想出大吃小关系的牌就可以打出，并把大吃小的理由说出来，说得有道理，就可以把对方的牌吃掉。举例四人游戏：第一个孩子先打出一张牌"面包"；第二个孩子可以出"老鼠"，边出牌边说"老鼠吃面包"；第三个孩子接着出"猫"，说"猫抓老鼠"；第四个孩子就要出比"猫"大的牌，如出"小孩"，"小孩喂猫"（如图3-124）。如果没有人出更大的牌，那么这些牌归最后出牌的孩子吃掉。人越多，游戏难度越大，策略越高，越有挑战。

图3-124

●续编故事：准备不同角色（人

物、动物）、不同场景（不同天气、树木、房子、草地、鲜花、高山、小河等）、不同道具的图片若干。两个孩子轮流摆图片，并编一句话。如一个小朋友摆出一张太阳的图片说"今天天气真好"，另一个小朋友摆出一张小兔的图片说"小兔要到山坡上采蘑菇"，接着第一个小朋友又摆出一张鲜花图片说"山坡上的花好美啊，小兔子这朵看看，那朵闻闻，忘了采蘑菇的事啦"。他也可放蝴蝶图片说"蝴蝶姐姐飞过来说小兔子、小兔子快点采蘑菇吧，一会儿要下雨了"，放大蘑菇图片说"小兔采了一个大蘑菇，真高兴啊"，放雨伞图片说"真的下起雨来了，小兔把蘑菇举在头上当雨伞"，放房子图片说"小兔撑着蘑菇伞，高高兴兴地回家啦"。这种灵活自主的、递进式的续编故事的玩法给了孩子无限的发展空间，满足不同水平的孩子语言发展需要。孩子常常沉浸在自己编的故事里，乐此不疲。

图3-125

阅读

婴幼儿时期的阅读，与成人静态的文字图片阅读不同，他更指向广义的阅读，即凭借生动形象的画面，丰富的色彩，相应的文字以及成人的语言讲述来理解读物的活动过程。儿童可以通过学习、训练，获得独立阅读的能力。因此，对于年幼的儿童来说，只要是与阅读活动有关的任何行为，都可以算作阅读。阅读不仅仅是视觉的，也是听觉的、口语的，甚至是触觉的。如用拇指和食指一页一页地翻书；能从画面中发现事物的变化，将之串联起来理解故事情节读懂图书；会用口语讲述画面内容，或听教师念图书文字等等。同时，阅读的对象不仅仅是图书，一切与视觉、知觉有关的事物、形象都可以让幼儿阅读。如观察树叶、翻阅相册、阅读玩具步骤图等都是阅读。

那么在区角环境中，如何创设相应的阅读情境，引导幼儿快乐阅读呢？这里重点介绍两个方法。

一是创设温馨的阅读屋。

阅读屋一般创设在班级安静明亮的一角，配备一些舒适的桌椅、书架、台灯等。现在网店上有许多艺术书架，有的是钉在墙上的，有的是摆放在地上的，非常漂亮，配上色彩温馨的地垫或地毯、卡通的靠垫、小巧的椅子或沙发、毛绒玩具、花卉等稍加布置，并在阅读屋里投入丰富多样的图书，把阅读变成一种休闲的、享受生活的学习方式，孩子置身其中，温馨而惬意。

幼儿阅读旨在培养幼儿阅读的兴趣和习惯，因此，阅读屋里提供的阅读材料可以多元化，除了适合幼儿阅读的图书、画册外，还可以是各种包装盒、相册、宣传单、电话卡、明信片、海报等等，分类摆放，引发幼儿以视觉为主的多维感知和趣味阅读。有些与近期探索的主题相关的可阅读材料，也可投放到阅读屋，引导幼儿带着问题、带着兴趣阅读。

为保持阅读的吸引力，所选的图书、材料不要一次性全部陈列，可分批投放，图书要一本一本封面朝外摆放，并根据幼儿的兴趣及教学内容的变化，及时更换新书。新书投入时，可配合新书推荐活动，让幼儿及时关注阅读区的变化。

小班幼儿阅读时可以从指导认识封面、页码开始，引导幼儿逐页翻阅，根据图序进行阅读。还可开展亲子伴读活动，让有时间的家长轮流到阅读屋，和孩子一起阅读。

阅读区的活动需要专注和思考，因此，当幼儿阅读时，教师不要在

实例

幼儿面前频繁走动，或是随意与幼儿讲话。当幼儿提出问题时，教师要蹲下身来认真倾听，并轻声地给予解答，因为此时教师的语态、声调也是一种示范。

图书角还可为幼儿提供剪刀、透明胶、胶水、纸等，让幼儿学着修补图书。当发现图书卷角的时候，要及时抚平，反过来放置或压上几本书，这样第二天书又变平整了。

二是开展快乐阅读的游戏活动。

阅读需要一定的识字量，我们可以在幼儿有了一定的识字量基础上进行汉字的认读游戏。为激发阅读兴趣，还可以进行书中寻宝、图书制作、续编故事等活动。

● 书中寻宝：准备几张类似书签的卡片，上面粘有复制的书中角色的图片或某个故事经典画面，请幼儿在阅读中找出来，夹在相应的页中。

● 自制图书：孩子和家长一起创编故事，并将故事图文并茂地画出来，投放到阅读区。

● 蒙氏三段卡：制作图文并茂的识字三段卡片，通过图文对应，认读文字。方法：制作一套图文三段卡，分别是图、图文、文字，然后按图、图文、文字顺序逐一找出摆在一起，并手口一致认读文字，如海龟（指图）、海龟海龟（指图和文字）、海龟（指文字）（如图3-126）。

图文三段卡

海龟　鹦鹉　小猪

海龟　鹦鹉　小猪

图3-126

● 瞬间记字法：给孩子出示3~5张字卡，并逐个告诉他这是什么字，每个字出示5秒钟。最好每天三次，每次3~5分钟，第二天重复第一天的字卡，但要出现一个新字，换走一个已认识的字，以此类推。一段时间后，孩子有了一定的识字量，将这些字放到阅读区，一位幼儿做小老师出示3~5个已学的字卡，其他幼儿认读后闭上眼睛，小老师藏起一张字卡，其他幼儿睁开眼睛观察，想想说说什么字不见了，开始可以藏一张，慢慢增加至2~3张。

● 词语接龙：用纽扣或螺丝等制作成两头可以链接的字词卡片，让幼儿自行连接，连接时后一个词的头一个字要是前一个词的后一个字。如火车——车轮——轮船——船长——长大。

● 翻翻棋：将学过和新学的字贴在蛤壳或瓶盖里，再制作一个格子棋盘，将蛤壳文字朝下一格一字放在格子里。两人"锤子剪刀布"，赢者翻开蛤壳，能正确读出文字的即赢得一枚棋子，如不认识，而对手会认读，则对手取走这枚棋子，而赢得棋子多的一方为胜。如遇到双方都不会认读的文字，这枚棋子留在棋盘中。

● 对对碰：将学过的字或词成双成对贴在麻将上，由一方先出一子，念出字或词，如"妈妈"，对方则找出相应的字或词说"妈妈碰妈妈"。

● 抽卡游戏：将学过的文字贴到扑克牌上，一式两份，双方轮流摸牌，摸好牌后，先将自己手中相同能配成对的牌打出，如"一对花""一对田"，自己手中成对的牌打完后，即到对方手中抽牌，配成对打出，如抽到的字念不出，或念错则算输。

● 斗字：将报纸上较大的标题字一条一条地剪下，放在托盘里，在瓷砖墙面上设两三个栏目，再提供一盆水，幼儿将会认的字剪下，在水里沾一下，贴在自己的栏目里，比一比谁识的字多，也可将会认的字贴成一句话。

● 拼诗歌：在方形积木六个面贴上文字做成文字积木，再打印一些幼儿熟悉的诗歌。让幼儿找出与诗歌里文字相同的文字，排一排，读一读。由于文字积木是立体的，因此，诗歌不仅可以平面摆，还可以立体摆。

● 放大镜读书：将学过的诗歌、简短的故事制作成字体很小的书，配上放大镜，通过放大镜来读幼儿也会感兴趣。

● 开字窗：用小信封做文字小窗，信封面做成左右开窗和上下开窗，如果是上下结构的字就套进上下开窗的窗户里，如果是左右结构的字就套进左右开窗的窗户里。窗的设计目的是帮助幼儿了解文字的上下结构与左右结构，打开一边窗是一个字，另一边窗是另一个字，两个窗户一起打开，又变成了新的文字，这种类似魔术的玩法幼儿很感兴趣。

前书写

　　随着幼儿识字量的增加，幼儿对书写活动便产生了兴趣，即进入书写敏感期。他们虽然有书写的欲望和心智准备，但由于幼儿小手肌肉发育尚不完全，过早握笔容易造成握笔手势不正确，一旦握错终身难改，这就是我们不提倡过早握笔写字的原因。对幼儿而言，前书写是为今后正式的书写做准备的，因此，感知文字的结构、笔画、临摹、拓印、触摸、连线、涂色等都是书写活动。

　　在书写之前，首先要为幼儿创设良好的书写条件，如：符合幼儿身高的桌椅，纸质良好格子较大的纸，书写明显的2B铅笔或出水顺畅的水笔。如果幼儿握笔有困难，就不要急于让他书写，可先让他学习扣纽扣、夹珠珠、握筷子、拧毛巾等，锻炼手指肌肉精细动作，为顺利书写打基础。幼儿初学握笔时可用三指抓的方法帮助幼儿正确握笔，其方法是笔尖朝自己放在桌面上，右手拇指、食指、中指向下抓握住笔尖上方，手腕抬起，左手将笔杆按至右手虎口，此时中指自然托在笔杆下方（如图3-127）。正确的握笔方法应在幼儿一开始学习握笔时就要强调，以免产生不正确的握笔

图3-127

姿势而难以纠正。初学时，可让幼儿随意画毛线、面条、下雨等容易画的东西，以便幼儿掌握正确的握笔手势。教给孩子正确的握笔应从第一次拿笔时开始，并且把正确的方法告诉家长，家园配合才能取得良好的效果。

下面提供一些前书写的例子：

● 认识方位：幼儿认识田字格方位后，教师可提供一些画有田字格的纸。一位幼儿当发令员，发出"××格"的指令，听指令的幼儿即指出相应的格，如发令员说"左上格"，听指令的幼儿即指出左上格。随着发令员指令越发越快，不停变换，听指令的幼儿也要迅速反应、准确指出。幼儿可轮流当发令员。

图3-128

● 沙盘书写：提供装有细沙的沙盘，让幼儿用树枝在沙盘上（或沙地上）练习写字，写后可抹平重写（如图3-128）。如果沙比较干，书写前先用小喷壶将沙喷湿，这样书写的字迹比较清晰，且湿沙不易被扬起。

● 洒水写：在矿泉水瓶上部刺一个小孔，装满水，旋紧瓶盖，用挤的方法，使水从小孔喷出，洒在地上进行书写和绘画，体验不同的书写乐趣。

● 多种笔写：为孩子提供铅笔、蜡笔、毛笔、水彩笔、圆珠笔、排笔，让幼儿用不同的笔书写，感受不同笔书写的不同感觉。

● 描红：描红用笔有铅笔、水笔、圆珠笔。描红字体有毛笔字、硬笔字。描硬笔字可直接描在笔画上，描毛笔字可先按笔画顺序把字的外框描好（遇到笔画有交叉的地方依然只描外框），然后顺着笔画的方向一笔挨着一笔把整个字的内框描满描黑，描不满的地方可以补描。描的顺序应是自上而下，从左到右，不能从上到下、再从下到上地来来回回涂画。如果笔画太长不能一笔描下来，可以分段描。

实例

角色区

　　幼儿天生好模仿，装扮是他们乐此不疲的游戏。只要外界提供机会和条件，他们就会在假想的王国中创造出自己的世界。为了满足幼儿再现生活经验的愿望，幼儿园常设角色区，让幼儿在游戏中模仿各种角色行为，学习交往与合作，满足幼儿情感体验的需求，促进其社会性发展。

　　角色装扮的内容十分丰富，凡是幼儿生活中经历的事和感兴趣的内容均可作为游戏的素材。如：幼儿有了看病的经历，就会玩起"医院"游戏；有了购物的经历，就会玩起"商店"游戏……因此教师应敏感地发现幼儿的兴趣和需要，适时地为他们提供相应的材料与环境，让他们尝试各种角色的扮演。当原有区角不能吸引幼儿或主题无法深化时，教师不妨增添新的玩具材料，引发幼儿新的构想与扮演愿望。游戏主题的产生不应由教师主观安排，而应来源于幼儿的生活，依幼儿的兴趣与游戏需要而产生。有时，一个游戏主题的结束也是另一个游戏主题的开始。如从小吃店拓展到快餐厅，随着幼儿生活经验的丰富和积累，再拓展到自助餐厅等。

　　角色区环境布置和材料的投放对幼儿的扮演行为有很大的影响。游戏活动场景可以是现实生活的缩影，如"娃娃家"的小床、小娃娃、小桌子、小厨房；"商店"的柜台、货架等，以期营造出与主题相关的气氛，使幼儿能较快地进入特定的游戏意境。一般来说，游戏的道具实物要比玩具模型好，如厨房里真实的锅碗瓢盆，因为幼儿比较喜欢具有真实感的东西。园舍条件许可的话，可设置专门的角色游戏室，形成一个小社区，便于各主题游戏间的往来。

　　角色区除提供与主题相关的必备材料外，还可准备一些显示角色身份的小道具，如"妈妈的皮包""爷爷的胡子""拐杖""警察的大盖帽""医

生的白大褂"等，引发幼儿扮演角色的兴趣，增强其角色意识。

需要注意的是：应让幼儿参与环境布置和材料的收集准备过程。角色区有些玩具材料可以由幼儿自己动手制作，这样既可减少教师制作材料的工作量，又可让幼儿乐在其中。

可以引导幼儿进行各主题游戏的串联活动，鼓励幼儿角色间的交往互动。如超市可以向工厂下订单，工厂依订单生产加工；餐厅可以增加外卖等等。

角色区的指导可以角色的身份或游戏的口吻进行，这样会让幼儿感到亲切自然易于接受。如小班幼儿刚开始玩角色游戏时，只会抱着"娃娃"不停地"喂饭"，这是由于他们角色表现能力较弱，常常不知该做些什么。教师可以借助小班幼儿好模仿的特点，当一会儿"娃娃家"的"妈妈"，做做家务，给宝宝喂饭、洗澡等。教师的角色行为会潜移默化地影响幼儿，引发幼儿的扮演和想象。教师也可扮演被动的角色，设计一些问题，如拿不定主意的"顾客"、需要帮助的"病人"等，给幼儿出点难题，让幼儿去思考解决，达到间接指导的目的。

提升幼儿游戏扮演水平的另一个渠道是丰富幼儿的生活经验。通过有目的地组织参观、谈话活动，帮助幼儿认识家庭及社区周围环境，扩大幼儿的交往面，积累相关经验。如带幼儿观察马路上的车以及警察是如何指挥交通的，请家长带孩子购物、乘车，丰富幼儿的生活经验，使扮演活动能有声有色地开展下去。

角色区活动结束时，常常令人头疼的是"餐厅"里满桌都是丰盛的"菜肴"，"超市"的"商品"都到"娃娃家"去了，"娃娃家"内杂乱无章……其实，此刻正是另一种学习的开始。教师可提前几分钟通知幼儿游戏将结束，给出一定的时间，让幼儿送玩具回到自己的"家"，并摆放整齐。也许部分幼儿还不会整理，教师可给他明确具体的任务，如："芳芳，你先整理货架，把货物归类摆好；小强，你把'娃娃家'里的菜送回菜场。"对于个别"偷懒"的幼儿，教师要时常提醒他们把整理任务记在心上，将责任落实到人。收拾工作不仅隐藏着配对、分类、排序等学习活动，也包含着培养幼儿爱惜玩具、做事有始有终等良好行为习惯，

因此不能忽视。

娃娃家

家，通常让人感到温馨、亲切、有安全感。因此，幼儿特别是小班幼儿喜欢在这安全的港湾里，放松自己，体验亲情，扮演角色，得到满足。幼儿只需用几块积木围合起来，放进"小床""小锅""小灶"等玩具，就可以再现家庭成员的言行与关系。为了让幼儿玩得更投入、更开心，教师可以从环境布置、材料投放等方面动一番脑筋。

"娃娃家"的布置应贴近家庭并充满童趣。在场地布局上，最好用小屏风或积木将"娃娃家"分隔成"厨房"和"卧室"。"厨房"里摆放"炊具""餐具"，"卧室"里放置"家具"，再挂上一张反映家庭生活或合家欢的照片，有条件的话，铺上一块地毯，使"娃娃家"更加舒适温馨（如图3-129）。

图3-129

"娃娃家"所投放的玩具与道具，应是幼儿在家里常见的东西，如摇篮（如图3-130）、布娃娃及日用品（奶瓶、菜篮、小桶、扫把、畚斗、围裙、抹布）等。此外还须准备一些反映角色特征的服饰、道具或小标志（如图3-131），使角色更加形象逼真，也会帮助扮演者牢记自己的身份和职责。尤其是对年龄较小的幼儿，可促使他们有始有终地装扮。

图3-130

在"娃娃家"游戏的开展过程中，教师可根据观察，适时投放、补充帮助幼儿拓展游戏内容和情节的材料。如投放洗衣盆、洗衣板、衣刷、衣架或洗衣机等，让"妈妈"在家中可以洗刷、晾晒衣服。还可投放一些干果、水果

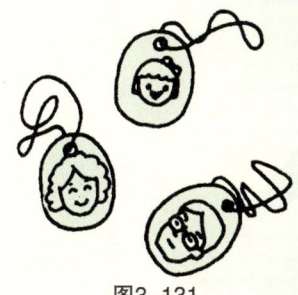

图3-131

类真实的食物，让"妈妈"在家中拼摆果盘，以备招待客人。此外，为了增进交往，还可以提议给"家庭成员"过生日，开"家庭联欢会"，或到"商店"购物，到"美容厅"理发，促进"娃娃家"与其他主题的联系。

超市

"超市"里琳琅满目的"商品"常激起幼儿购买的欲望。他们在超市购物活动中，体验社会交往，发展口语能力，学习分类、数数，将数学知识自然加以运用。

开展"超市"游戏前，须丰富幼儿有关货币和买卖交易方面的常识，同时准备"超市"游戏所需的环境材料，如货架、商品、包装袋、"电脑"、"刷卡机"、"零钞"等，以及"顾客"使用的"篮子""货币"等。活动中，还可根据活动状况，适时地给"商家"设置些难题，引发他们改变经营方式，增添"商品"种类，增加服务项目，以深化活动主题。如开展"送货上门服务""优惠大酬宾"等。还可提供一些纸张、画笔，让幼儿在"买卖"闲暇时制作"宣传广告"，开展"促销"活动。

"超市"里的"货源"可来自各类物品的包装盒，还可来自美工区或"加工厂"中幼儿自制的各种"产品"（如图3-132）。

图3-132

餐馆

教师可以为幼儿提供桌椅、厨具、餐具、厨师帽、围裙、食物、佐料、抹布等，也可提供真实的食材，如让幼儿自制寿司、拓印面饼等。能在餐馆中吃到自制的点心，是孩子们最开心的事了。有时，还可以将餐厅游戏与下午的点心环节相结合，幼儿在游戏中，按需要自主地到餐馆使用点心，让幼儿将游戏与生活自然融合。

食物的壳是最形象、最易得的"食物"，如贝类的壳，只要将其清洗干净并晒干即可。用不织布制作各色食品，逼真又耐用（如图3-133）。

图3-133

医院

上医院看病是幼儿常有的生活体验，他们既对医生的诊断过程感到好奇，又害怕护士打针。"医院"的创设正好可以满足幼儿的好奇心，又可以帮助其克服惧怕的心理。在创设"医院"这一游戏活动场景时，教师可以与幼儿一同准备一些常见的医疗器械和药品等，如"听诊器"、"体温计"、无针头注射器、棉签、纱布、胶布、"脉枕"、托盘、"处方单"、塑料"药瓶"、自制"药片"等，以及"医护人员"用的桌、椅、"帽子"、"白大褂"等（如图3-134）。

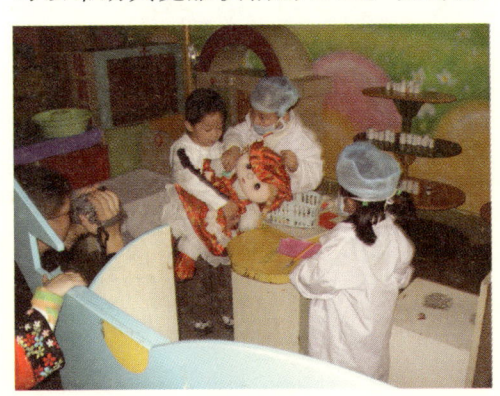

图3-134

理发店

幼儿都有上理发店理发或陪妈妈做发型的体验。他们对发型师熟练的梳、剪、吹、洗等操作颇感兴趣,幼儿园设置"理发店",将会满足他们体验这类活动的愿望。

开办"理发店"必备的材料有:镜子、剪刀、梳子、电吹风、脸盆、围布、卷发器、洗发水瓶以及发屋标志等。教师可以在小椅背上固定一个用纸板画的头形,给小椅披上一块白布(如图3-135),让幼儿模仿理发师理发或进行发型设计,也可由幼儿扮演被理发的人,但要注意给人理发不能用剪刀。

图3-135

实例

表演区······

　　幼儿是天生的小演员，他们的举手投足、一颦一笑总是那么天真可爱。当他们学会一个舞蹈、一个故事、一首童谣时，总希望能有一个展示的机会，表演区正好满足幼儿自娱自乐的需要。在大胆稚拙的表演中，孩子们天真活泼的天性得以充分表露，活泼开朗的性格和落落大方的举止得到有效培养。

　　由于表演区的活动开展起来总是令人兴奋不已，发出的音量较大，因此，表演区的设置应远离需要安静的区角，以免干扰其他区角的活动。我们可以用轻柔的彩纱、五彩的绢丝在班级阳台、走廊一头或幼儿园的舞台设置表演区，投放打击乐器、音响器材、各式玩偶、移动式背景、化妆台、木偶台、服装道具等。道具的准备不要求逼真齐全，只要象征性即可。如一条纱巾，既可以是"小鸟"或"蝴蝶"的"翅膀"，又可以当"新疆小姑娘"的头巾、披风，还可以是"奶奶"的"围裙"。如此一来既充分发挥了材料的多用性，又有助于幼儿发散性思维的培养。倘若道具不足，也可启发幼儿用象征性的动作来表现，如要表现爬山、过河就可用动作伴随语言来体现。

　　细心的教师可能会发现，表演区常常是女孩爱去的地方，而大部分男孩却很少光顾。其原因或许是教师投入的道具、服饰、可供选择的音乐有所偏差而造成的。建议教师不妨试试捕捉男孩的兴趣，为他们提供喜爱的道具，如军帽、军装、玩具枪或铠甲勇士服装、大灰狼头饰等，播放雄壮有力的进行曲，吸引他们参与表演区的活动，使男孩子也能在表演区中找到乐趣。

自主表演

表演区是幼儿艺术能力自主发展的空间，它兼具"游戏性"和"表演性"，幼儿不是以为观众表演为目的，而是追求表演的满足感和快乐感。他们不需要教师去"导演"和指挥，幼儿在自然开放的环境下，透过肢体语言、表情创造性地扮演，有利于快乐情感的表现与体验。

自主表演可融合歌舞表演、时装表演、故事表演等，教师不必太注重表演技巧，而应注重鼓励幼儿大胆参与，使其表演更加自信、自如。

自主表演可提供的材料有：播放器、麦克风、衣、帽、裙、头饰、纱巾等。音乐是表演的关键，为幼儿提供的乐曲，应是幼儿熟悉的，可有范唱、音乐伴奏。下面介绍一些舞台布置和服装、道具的制作方法：

- 将长形纸箱裁去箱盖、箱底，拉开成长方形，在上面画出所需图案，立起来即可成为舞台的装饰（如图 3-136）。

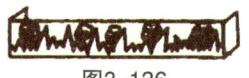

图 3-136

- 在呼啦圈上装两片布帘，固定在一定的高度上做幕布；也可以在台前上方安一根铁线，拉上一块窗帘状幕布（如图 3-137）。

- 将雨伞撑开悬挂起来，然后由伞尖顺伞面垂挂各色皱纹纸、金纸等装饰舞台（如图 3-138）；农村园所可以将野花、柳条等垂挂在伞下装饰舞台（如图 3-139）。

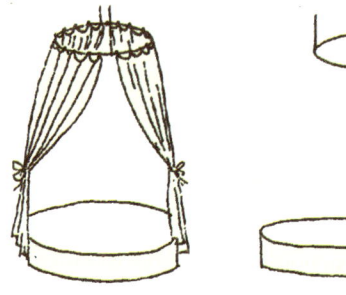
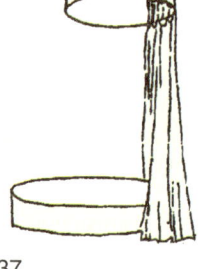

图 3-137

图 3-138

图 3-139

- 用大纸箱切割出"门""窗",固定好"屋顶",涂上彩色颜料装饰成"小房子"。
- 提供各种头饰图案,贴在较有韧性的纸板上,按轮廓线剪下,用订书机钉上松紧带,做成头饰。
- 把薄膜挂历纸裁剪成裙子,长度以适合幼儿腰围为宜。用剪刀沿同一方向剪开,头尾贴好,就做成了一条"裙子"(如图3-140)。还可以把挂历纸裁成三角形,剪成三角裙(如图3-141),幼儿可穿上它表演斗牛舞。

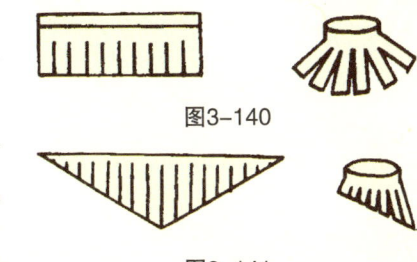

图3-140

图3-141

- 用松紧带将若干彩色塑料袋的提手串在一起,再将松紧带两头扎起成一圈,也能成为一条美丽的"裙子"。

图3-142

- 将色彩鲜艳的玻璃绳系在松紧带上,撕成细丝制作"草裙"(如图3-142),也可用稻草等编结成"裙"。
- 把一张漂亮的挂历纸剪成四瓣或任意几瓣的大花,在花的中间剪一个大洞,套在脖子上即成一个漂亮的"坎肩"。
- 采集柳条或迎春花的枝条编成"帽子""腰带""裙子",也可采集芭蕉叶制成"衣服"。
- 用旧挂历纸、皱纹纸、蜡光纸、糖果纸等制作一系列不同款式的"蝴蝶结""手镯""裙子""帽子"等(如图3-143)。

图3-143

图3-144

图3-145

● 卡拉OK角：在较独立的角落或小房间里，放置电视机、VCD机、话筒、沙发或椅子，供幼儿唱歌。

● 表情秀：投放各种卡通图片表情，让幼儿模仿，表现面部表情。

● 模仿秀：模仿自己喜欢的歌星、舞星、小品演员、相声演员的表演（如图3-144）。

● 民族秀：提供各种民族服饰道具，让幼儿自主表演民族歌舞。

● 时装表演：表演的时装可以是自己身上穿的，也可以是自制的。教师可以创造性地利用挂历纸、包装纸、报纸、圈、棕榈叶、树枝等自制"时装"。幼儿穿上这些富有特色的服装即兴表演，会有一种愉悦感和新鲜感（如图3-145）。

节奏乐

打击乐器发出的不同音色和动听的节奏，往往会吸引许多幼儿进区活动。在表演区中投放幼儿熟悉的乐器，让他们在敲敲打打的过程中，感知各种乐器的音色，复习各种节奏类型，让幼儿在学习乐器表演中自得其乐。

打击乐器的种类很多，其制作材料有金属、塑料、木、竹等，它们发出的不同音色会给幼儿不同的感受。除购买外，教师可自己动手，制作一些经济实惠又能体现地方特色的打击乐器。还可提供一些制作材料让幼儿自己动手制作。

下面介绍一些自制乐器的方法：

● 沙球：取酸奶瓶、小可乐瓶、易拉罐、河蚌壳、带节竹筒等，装进小石子或豆子、粗沙、米粒，然后将开口处用胶带密封。

● 铃：将废旧的自行车铃盖焊上把儿，用小金属棒敲击，就能发出悦耳的铃声。

● 快板：在3~4厘米宽、12厘米长的竹片一端钻两个相距2厘米的孔，用绳索将两片竹板连接制成快板（如图3-146）。

● 单响筒：取直径约5厘米、长约20厘米中间带节的竹筒，将竹筒锯成如图3-147状。

图3-146

幼儿用一根竹筷敲打竹筒，竹筒就会发出清脆悦耳的声音。

● 双响筒：取直径5厘米、长15~20厘米的空心竹筒一段，在其中间钻孔安上把儿，左右两头分别锯出长短不同的缺口（如图3-148）。幼儿用竹筷敲击即可发出双响筒的声音。

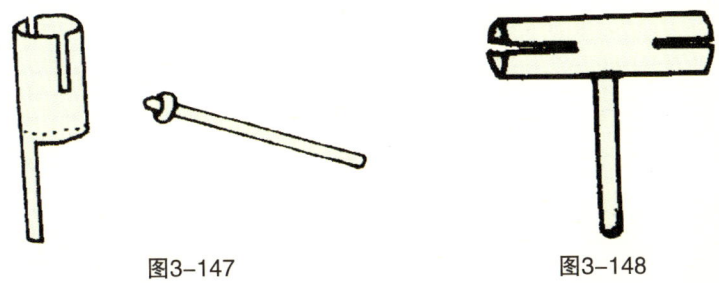

图3-147　　　　　　　　　图3-148

● 毛竹架：用六根棍子扎成两个三角架，将一根直径10厘米左右、长2~3米的毛竹放在架上（如图3-149），可供数个幼儿手持竹筷进行节奏练习；或放置在户外，可供幼儿钻、攀、翻；或挂上一块布即可作木偶小舞台；还可以做"娃娃家"的晒衣架或区与区的分隔。这对条件较简陋的农村幼儿园特别

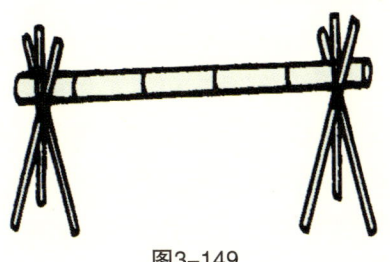

图3-149

实用。架子的高度、竹的长短可根据实际需要调整。

● **响板**：将白板纸剪成一个直径15厘米左右的圆形，对折成两个半圆，并在半圆内侧对应的地方各固定一个瓶盖或贝壳，在半圆外侧各固定一根能套住幼儿手指的松紧带，幼儿可将大拇指和四指分别套进去一张一合地敲打。

● **"架子鼓"**：将扁圆形铁盒（可以是月饼盒、糖果盒等）的盒身支撑在三角架上当"鼓"。在盒盖中心打一个孔，用大铁钉做插销插入盒盖中心孔处，再插进底下支撑竹竿的空心孔内制成"钹"，即成一组幼儿喜爱的"架子鼓"（如图3-150）。也可将铝桶倒置做"鼓"，将桶盖支起做"钹"，制成简易的"架子鼓"。

图3-150

木偶戏

玩木偶是幼儿喜爱的活动之一，只要制作一个木偶台，投放各式各样的玩偶，他们就会自行操纵，绘声绘色地表演起来。

幼儿进行木偶表演，首先要掌握木偶的操纵方法和表演技巧。以布袋木偶为例，其操作一般是将食指伸进木偶的头部，操纵头部的动作，大拇指与其余三指分别伸进木偶的左右两袖中，操纵木偶双臂的动作。木偶的表演技巧比较简单，一般点头表示同意，摇头表示反对，低头表示思考，拍手表示高兴等，木偶的动作可让幼儿自由表现。如果配上形象生动的语言、优美的音乐，就可以表演得更加形象生动。年龄小的幼儿注重的是操纵木偶的兴趣，他们不一定要木偶台，只要举着木偶就可以唱歌、跳舞、讲故事。稍大一点的幼儿会用木偶表现部分角色和剧情。年龄较大的幼儿逐渐能分角色合作表演，想象创作，表演出一幕幕的木偶剧。

除购买木偶外，教师还可自制各种玩偶，如乒乓球偶、瓶子偶、毛线偶、信封偶等。玩偶的大小以适合幼儿小手操作为宜。教师还可提供材料，让幼儿自制玩偶，幼儿用自己制作的道具会玩得更开心。

下面提供几种玩偶的制作方法及木偶台的设计：

● 乒乓球偶：将乒乓球剪出一手指大小的洞，用针线在洞的对边固定上毛线，做成"头发"，或用包装纸做成"帽子"固定在"头"上，再用即时贴纸剪下"五官"，贴在"脸部"即成。此法可以制成各种"人物""动物""水果娃娃"等玩偶头。再缝制一件"小衣服"，将食指套进"脖子"，再插进乒乓球偶的洞里，大拇指与其他三指分别套进两边袖子里进行表演（如图3-151）。

图3-151

● 指偶：在厚纸上画出或剪下旧图书中的动物、人物等形象，贴在较有韧性的纸条做成的指环上即成（如图3-152）。幼儿可将食指插进指环进行表演。

● 瓶子偶：将塑料小瓶倒置，在即时贴纸上画出五官，剪下贴在瓶身上，装饰出各种形象即成瓶子偶（如图3-153）。幼儿可将食指插进瓶口表演，也可像乒乓球偶那样再加上"小衣服"。

图3-152　　　　　　　　图3-153

● 手套偶：在白棉纱手套的五个指头上画上或绣上五种脸部表情，或五种动物头像。

● 毛线偶：用各色毛线织成各种形象的毛线偶（如图3-154）。其操纵方法类似乒乓球偶。

● 信封偶：将信封剪成如图3-155状，装饰成各种"人物""动物"头像即可。操纵时，大拇指与小拇指、无名指分别从左右两个弯孔中伸出表演。

图3-154

● 木偶台：用木料或大纸箱制作成如图3-156的木偶台。

● 投影戏：设计一个表演台，前台搭一块白色的幕布，投影灯从后台照过来。演员在台后用手偶进行表演，手偶的影子便投在幕布上了。这种投影戏孩子可自编自演，其乐无穷。表演的素材很广泛，除了手偶戏，还可以用手指做各种造型、用纸板剪成各种动物、人物表演，还可以展示生活中的物品让前台的小朋友猜等。

图3-155　　　　　　　　　　图3-156

建构区

建构区被誉为"塑造工程师的地方"。在那里,常常会听到幼儿的许多宏伟计划:"我要搭长城""我要建公园""我要盖摩天大楼"……他们往往热衷于参与这些富有创造性的、能实现自我构想的活动。

建构材料能自由搭建,重复使用,是幼儿园必备的玩具之一。幼儿在变化多样的建构活动中,不仅可以对比大小、高矮、长短、厚薄、轻重的区别,还能认识平衡、对称、方位等概念。建构活动也能锻炼幼儿动作的协调性、准确性,促进其想象力与创造力的发展。

有条件的幼儿园可为幼儿提供一个独立的建构空间,如:专用建构室(如图3-157),专用建构室可以各班轮流使用。幼儿园的各个班级也可自行设置班级建构区,满足本班幼儿随时想建构的欲望。

图3-157

大型积木建构时,容易倒塌,发出的声音也比较大,因此,室内的建构区最好在地上铺上泡沫地垫,一来降低噪音,二来平整卫生;室外建构区可在建构场地边上设一个储存室储存建构材料,这样方便幼儿取用。市面上出售的地垫有各种颜色,教师在铺建构区地垫的时候,可用不同颜色的地垫组成不同的块,作为隐性的建构布局指导要素存在。幼儿可以根据建构的需要,沿着地面的颜色进行建构布局。(如图3-158)

建构活动还可以放在户外开展,比如大厅(如图3-159)、操场(如图3-160)。

图3-158

图3-159

图3-160

目前建构材料已十分丰富,从质地上看有木制、塑料制、海绵制、纸制、竹制等;从体积上看,有大型、中型、小型;从造型上看更是多种多样,不单有能搭建的几何形积木,而且还有能接插拼装自主造型的积塑,如雪花积塑、齿形积塑、管状积塑等。我们也可以收集纸箱、纸盒、木块、竹子等作为建构材料。为使建构活动更加生动有趣,丰富建构内容,还可添加一些辅助材料,如:玩具汽车、动物、人物以及树枝花草等。

品种数量繁多的建构材料容易让建构区显得杂乱,如何让幼儿在有序的环境中进行无限的创造活动呢?首先教师要将建构材料归类装箱,有序摆放,让场地环境起示范作用。其次让幼儿养成整理材料的习惯。开展建构活动之前,教师第一要引导幼儿观察建构材料在使用之前的摆放状况(如图3-161,沿墙摆放),或者将材料堆放方式拍成照片粘贴在醒目的位置给幼儿整理摆放时参照。第二要引导幼儿感知材料的不同性状，包括大小、材质、色彩等方面，学习分类整理。第三教师可以和幼儿共同制订取放材料的规则，并请幼儿将制订的规则用简单的图示画出来，粘贴在建构区醒目的位置（如图3-162）。建构区的墙面也可粘贴各种风格的建筑，让幼儿在欣赏的同时模仿建筑物搭建。

图3-161

建构区中也可以提供一些图示，让幼儿尝试看图建构（如图3-163）。

建构材料应根据幼儿的发展水平有步骤地投放。幼儿期建构活动一般要经历平铺、搭高、围合等初级阶段。最初幼儿喜欢把积木一块块堆叠起来，也喜欢把积木平铺在地上。铺路是常见的积木游戏，因此刚开始建构活动时，投放的材料可以是形状简单、数量充足的材料，如投放一些长方体和正方体的木制中型积木让幼儿铺路、垒墙。当幼儿在堆叠拼摆的过程中，渐渐知道积木的大小、形状与搭建物体的关系时，会有意识地选用材料，尝试各种方法进行搭建。这时，要提供给他们多种不同形状的积木，让其搭建"房子""城堡""桥梁"等。到了假想创作阶段，幼儿能根据主题迅

图3-162

图3-163

速地选定材料，并能较有创意地综合运用材料搭建作品时，教师不仅要供给幼儿多种多样的积木，还要供给辅助材料和能引发幼儿想象的替代物，使他们的作品更加丰富，更有创意。

在观察幼儿的建构活动时，教师还可以提出一些诸如"你搭的东西可以做什么？"这类开放式的问题，鼓励幼儿表达自己的想法，帮助幼儿确定主题。在比较两个幼儿的作品时，最好是指出他们作品的差异，如"我发现你搭的桥和小宇搭的桥不一样，你的桥高，他的桥长"，而非判断其好坏。这样做不但能让幼儿感到教师喜欢他们的作品，同时也能很形象直观地传授给他们高和长的概念。另外，教师还可以提出如下问题："你为什么要搭这个？""你是怎样搭的？"……要求幼儿叙述个人的构思和搭建过程。这样做既可以帮助幼儿整理自己的思路，又可以锻炼幼儿的语言描述能力。

下面介绍一些幼儿园常用的建构材料：

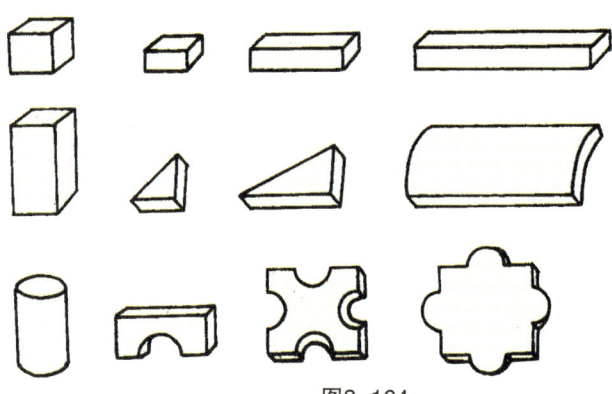

图3-164

● 木"积木"：选用不易变形的木料制成单位积木。单位积木要求有一定的比例和规律，即在一套积木中以正方体的边长为基本单位，在这个尺寸上进行变化，如长方体的高度是正方体的两倍，圆柱直径与正方体边长相等。下面列举一些图例（如图3-164），教师可根据需要设计出更多的形体。以上积木中常用的正方体和长方体可以多预备一些。除此之外，还可制作一些阶梯式的积木。幼儿可以将积木平铺摆放，也可以竖着叠起。此种积木不仅可以用来建构，还可以帮助幼儿认识厚薄、学习排序（如图3-165）。

图3-165

实 例

图3-166

图3-167

● 纸箱纸杯"积木"：收集较厚的纸盒、纸箱，用透明胶带封牢盒体，也可再包上一层漂亮的包装纸或色彩鲜艳的挂历纸，即可当成积木建构（如图3-166）。也可提供一次性纸杯和彩色卡纸等材料，当成积木建构（如图3-167）。

● 竹"积木"：将成年毛竹（生长两年以上）砍去枝叶，截成竹环、竹筒、竹片、竹块等，去边角毛刺，蒸煮晾干，刷上清油，再晾干，即可使用（如图3-168）。

● 易拉罐"积木"：将收集的易拉罐洗干净、晾干，供幼儿搭高（如图3-169）。

图3-168

图3-169

183

● "拼装积木":把小木屋、小竹屋分解成可拼装的门、窗、壁、屋顶、柱子等(柱子的衔接处需有可供镶嵌的槽),让幼儿拼装搭建小屋。为减少难度,可请木工制作出牢固的框架,让幼儿拼搭。拼装好的小屋可供角色区活动用(如图3-170)。

图3-170